習近平敗北前夜
脱中国で繁栄する世界経済

田村秀男
×
石平

ビジネス社

はじめに　「アフターコロナ」に激変する中国と世界

日本経済新聞元編集委員で、今は産経新聞の特別記者・論説委員を務める田村秀男さんと対談する機会を得た。

コロナ禍が世界中で猛威を振るっている2020年5月下旬、できる限りのウイルス対策を取った上で、東京某所で2日間にわたる濃密な対談が行われた。それは私にとっては実に、知的刺激と緊張感に満ちて多くのことを学んだ充実した2日間であった。

田村さんは日経記者時代、東京本社経済部、ワシントン特派員、香港支局長を歴任した。その間は日本経済とアメリカ経済の現場、そして香港を通して中国経済の現場を歩き回ってつぶさに観察された。そして、新聞記者の激務の傍ら、米国アジア財団（サンフランシスコ）上級客員研究員、日本経済研究センター欧米研究会座長、早稲田大学政経学部講師などの要職を務めた。このような多彩な経歴からも、田村さんは世界経済通のベテラン記者であると同時に、学者肌の経済専門家・論客の一人であることがわかる。

今回、田村さんから教えもらったことのなかで一番印象深かったのはやはり、中国の人民元の米ドルに対する依存関係である。詳しくはこれから本書を読む皆様の楽しみに残しておくが、私が理解した「田村理論」によれば、人民元の国内外での価値は実は米ドルに依存しており、中国がアメリカから稼いだ莫大な外貨の裏付けがあるからこそ、人民元が貨幣として成り立っている、ということである。

もし事実がそうだとすると、結局のところ米ドルこそが人民元の価値ある貨幣としての拠り所である。そして中国に天文学的な巨額なドルを供給し続けてきたアメリカの金融市場と消費市場こそが中国にとっての命綱であって中国の経済成長と「繁栄」を支える土台なのである。つまり、アメリカという国があってこそ、中国は長期にわたり高度成長を成し遂げて現在のような世界第2の経済大国の地位を得ることができたのである。

そしてこのような視点から見れば、鄧小平《とうしょうへい》時代以来の中国共産党の歴代政権が、なぜあれほど対米関係を重要視していたことの理由も自ずとわかってくるであろう。アメリカ人を刺激して中国に対する警戒心を抱かせないために、鄧小平は有名な「韜光養晦《とうこうようかい》」戦略を打ち出して隠忍自重に徹した。鄧小平後の江沢民《こうたくみん》政権も胡錦濤《こきんとう》政権もこの戦略を受け継いでアメリカとの良好関係の維持に腐心していたのである。

これがまんまと功を奏し、アメリカは共産独裁の中国に対して持つべき最低限の警戒心を過去のものとして忘れ去り、安心して中国と商売して虎の子の金融と市場を惜しむことなく中国に提供してきた。かくしてアメリカ人が中国に米ドルを湯水のように供給してきたからこそ、共産独裁でありながら第2の経済大国となった中国の今があるのである。

こんな状況がいつまで続くのかと私自身も心配していたところ、幸いにも、トランプ政権誕生以降のアメリカは、文字どおりに「敵に塩を送った」という自分たちの愚かさに気がついて、中国に金融と市場を無制限に提供するような愚挙をやめようとしている。トランプ政権による対中貿易戦争の発動はまさに「アメリカの覚醒《かくせい》」の現れであろうが、一方の中国は、習近平《しゅうきんぺい》政権が成立してからの8年間、鄧小平の「韜光養晦」戦略をかなぐり捨てて世界制覇の野心を剝《む》き出しに、目下アメリカと対抗する道を突き進んでいる。

米中対立の深まりは最早不可避の趨勢《すうせい》となってきているが、2020年1月から中国と世界を襲ったコロナ禍において、これがより一層先鋭化している。トランプ大統領は最近ではついに、中国との完全なデカップリング（切り離し）の可能性に言及した。

しかし米中断絶の動きが進んでいく最中にあって、今まで米ドルによって支えられてきた中国の経済成長はいったいどうなるのか。米ドルの支えを失った人民元が貨幣としての価値をどこまで維持できるのか。そしてアメリカの金融と市場を失った中国経済はどこまで沈没していくのか。それらの「世紀の大問題」が次から次へと浮上してくるのである。

もちろん、中国経済の沈没は世界経済・日本経済にとっても他人事ではない。今後、中国経済が沈み米中対立の狭間にあって、世界経済と日本経済はいったいどうなっていくのか。そして「アフターコロナ」とはいったい、どのような世界になってしまうのか。

ドルと人民元の怪しい関係性についての「田村理論」から出発したこの対談は、まさしく上述のような「世紀の大問題」について2日間にわたたり縦横無尽に議論を繰り広げたものである。そしてこの度それが1冊の対談本としてまとまって、皆様のお手元にお届けしているのである。

対談者の一人である私が断言できることは、私自身にとっても大きな勉強となったように、読者の皆様にとってもためになるところが大きいと思う。この1冊を通して、アフターコロナの中国と世界の変わりようが手に取るようにわかってくるからである。

最後に、私のような後輩との対談に快く応じてくださった田村秀男さんに心からの感謝を申し上げたい。この対談を企画し・実行してくださったビジネス社の唐津隆社長とスタッフの皆様に心からの感謝を申し上げたい。そして、本書を手にとっていただいた読者の皆様に心より厚く御礼を申し上げたい。

令和2年7月吉日、奈良市内・独楽庵にて

石平

はじめに

第1章 「ドル本位制」の中国が米国に歯向かう無謀

第2章 香港で壮絶なギャンブルに出た習近平

もくじ

第4章 これまで日本経済が低迷してきた根本問題

第5章 中国なき「ジャパンファースト」への覚醒

第6章 暴発する権力闘争と帝国主義

第7章 米中デカップリングという葛藤

第1章

「ドル本位制」の中国が米国に歯向かう無謀

なぜコロナ収束後に中国の消費は伸びなかったのか？

石平　田村さんとはさまざまな場面でお会いしてきたのですが、対談をさせていただくのは初めてで、非常にありがたく思います。いろいろな話を伺いたいと思います。

田村　いや、いつも産経新聞のコラムでお世話になっています。

石平　ご存知のように2020年1月下旬から中国では、新型コロナウイルスの感染拡大で武漢《ぶかん》を中心に大都会はほとんど封鎖され、交通が止まって、あちこちで外出禁止でした。当然サービス業も小売りも、大半が止まってしまい、同時に生産の現場ももうほとんどが止まってしまった。

結果的に本年の第1四半期は、政府が発表した数字でもマイナス6・8%の前代未聞の成長率でした。それを挽回すべく、中央政府は3月から政治的命令の形で、強制的に生産再開に持っていきました。

そうすると本来ならば、4月はけっこう回復するはずですが、数字を見ると必ずしもそうではない。たとえば政府発表の数字をいくつか拾ってみると、4月の工業生産はいちおうプラスになっていた。前年同期比で3・9%増でした。しかし消費動向を示す小売りの売上高は前年同期比で7・5%減、しかも1月から4月までの固定資産投資も9%以上の減少となっています。

あるいは、すでに中国政府の宣伝では新型コロナウイルスの感染は飛躍的に収まり、普通の生活に戻ったはずなのに、4月の中国の航空旅客数が前年同期比で68・5%、約7割も減った。4月の原油の輸入も、これまた前年同期比7・5%減でした。

それで中国政府は5月に期待したようです。日本同様、5月1日から5連休があって、これまでの反動でぐんと消費が伸びるのではないかと皮算用したわけです。1億2000万の人が交通機関を利用したけれど、前年同期比では半減に終わりました。

田村さんと対談するこの時点（5月下旬）では、5月の数字は当然わからないわけですが、

4月の数字から見ても、なかなか中国政府が期待しているいわゆる「V字型の回復」が現れていません。数字面から見たら中国の状況について、田村さんはどう見ておられますか。

田村　そうですね、前年同期比がマイナスになるのは当然だと思いますよ。たしかに人の移動がまだまだ元に戻らないから。4月で4割減、5月で旅客数の前年同期比で5割減程度になります。けれども2月に武漢が都市封鎖をやっている頃は、中国全体の旅客数は前年同期比で10分の1から5分の1になっていました。

それを思えば、かなり戻っているということは言えるでしょう。ただ国際通貨基金（IMF）の今年の主要国別の経済見通しを見ると、主要国の日本、アメリカ、ヨーロッパ、中国で唯一V字型回復になるのは中国だけでした。あとは軒並みかなり大幅のマイナス成長です。

ただしこれはあくまでも予測ですから、そんなに根拠があるという数字ではなかろうと私は思います。けれども、中国のああいう全体主義的なシステムのもとで、とにかく新型コロナウイルスを見かけの上だけでも制圧した。人は元に戻れ、工場は再開しろと。日系企業もトヨタをはじめ、みんな元どおりやれということで、だんだんとそうなってきているのは事実なのでしょうね。

かといって、人が動き出して、物が動き出せば、100%元に戻るまではいかない。でも、人の動きがすでに5割以上、戻っているなら、時間が経つにつれて、だんだんと前年同期比で7割になり１００％に近づいていくことは考えられます。

新型コロナウイルスの第2次感染、第3次感染が起きて、再び都市封鎖に陥らない限りは、中国だけが世界のなかで前年比でプラス成長になる可能性は十分あると思います。

石平　なるほど、ただし田村さんとこの対談を行っている最中（5月25日）も、中国の東北地域、吉林省《きつりん》を中心に第2波の感染爆発も起きています。

2月に輸出向けの工場の生産が止まってしまった中国の思惑は、生産再開が始まれば外国から大量受注して、一気に挽回するというものでした。ところがそれが大誤算となった。

新型コロナウイルスが飛び火して、今度は欧米が大変なことになったからです。欧米の消費市場がほぼ完全に止まり、3月、4月、5月の半ばあたりまで回復しなかった。そうすると欧米市場から注文が来なくなって中国沿岸地域の輸出向け産業には仕事が入ってこない。特に浙江《せっこう》省の沿岸地域の工場は生産を再開したものの、まったくアテが外れたようでした。

コロナ禍の最中、中国の新聞は盛んに「報復的消費（リベンジ消費）」という言葉を並べていました。要するに、2月はみんな外出禁止で家にいて、ろくに消費ができなかった。その溜まった消費需要を3月、4月に一気に出現させよう、と各紙は煽《あお》ったわけです。

しかし、いざフタを開けてみたら、それは起きなかった。前述したように、4月の小売りの売上高は依然として前年同月比でマイナス。専門家の分析によると、いくつか要素があって、報復的消費が爆発的に出なかった要因の一つは、家計の収入減でした。新型コロナウイルスに襲われたことで工場は操業停止、1月下旬から2月、3月は大半の人々は大幅な収入減となったわけですから。したがって、やっと仕事に戻ったところで、いきなり消費するかといっても、そのお金がない。

もう一つは、一部を除き中国では企業であれ、個人であれ、みな借金で何とかやってきている。誰でも大きな借金を抱えています。収入が途切れてやっと稼げるようになると、真っ先にやらねばならないのは、借金の返済なのです。

中国のメディアの分析では、将来に対する不安も大きく影響しているとしている。結果的には、消費も爆発的に増えず、輸出向けの注文もなかなかやってこない。そうした状況下、中国政府の常套《じょうとう》手段を頼るしかない。公共事業投資に活路を求めるわけです（笑）。

ドルの裏付けがある人民元

田村　これはかねてからの持論でありますが、輸出に頼るところが中国の経済システムの

グラフ1：中国の金融膨張を支えてきた米国（兆ドル）
リーマン・ショック後10年間（2008年9月～2018年9月）の累計または増加額

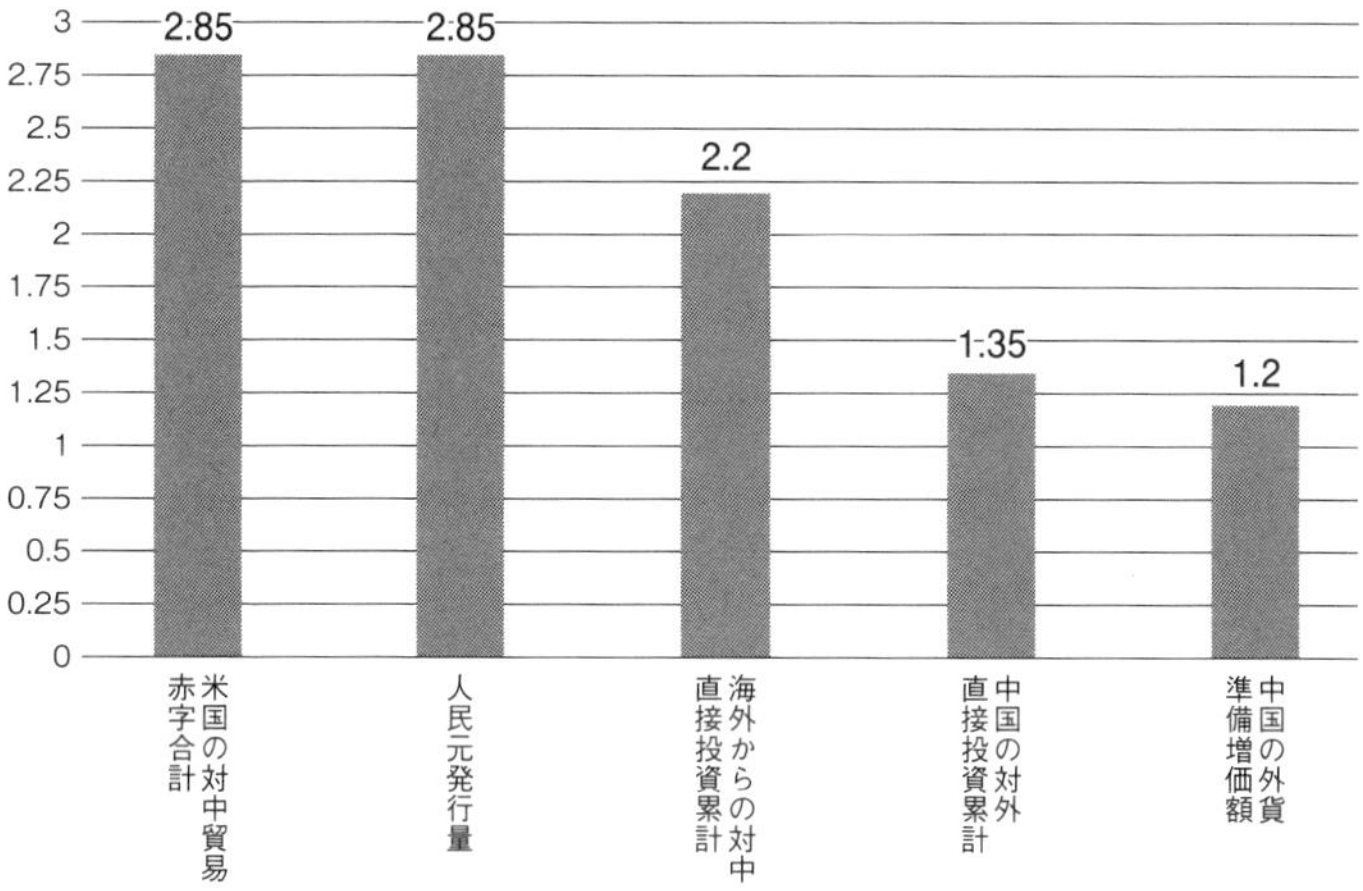

弱点です。そして中国共産党経済の最大の弱点とは、米ドルが入らないとお金を刷れないことに収斂《しゅうれん》します。

これはリーマン・ショック後に中国経済がなぜあれほど膨張したかの、一つの謎解きにもなる。リーマン・ショックのあとから中国の対米貿易黒字が急激に増えました。

たとえば２０１８年９月までの10年間、対米貿易黒字で中国が稼いだドルの金額の合計、つまり累計額と、中国人民銀行が人民元を新たに発行した追加発行額、これをドル換算すると見事に一致するのです（グラフ１参照）。

２０１６～７年頃までは、中国人民銀行の外貨資産を調べると、外貨資産額がちょうど１００％人民元の発行残高と一致していた。つまり、人民元にはドルの裏付けがある。それが人民元の最大の秘密なのですよ。グラフでは、このほかに海外からの対中直接投資、中国の対外直接投資と中国の外準増加額を盛り込んでいますが、中国は対米貿易黒字と日米欧などからの対中投資で入ってくる外貨を背景に対外投資を行い、かつ外準を増やしてきたというわけです。この事実を踏まえないと、リーマン後の中国膨張や、トランプ政権がなぜ貿易戦争を仕掛けているのか、理解できないでしょう。

石平　中国経済は実はドル本位だったのか（笑）。

田村　そう。ドル本位制なのです。私は日経新聞香港支局長時代（1996年3月から1997年香港返還をはさんだ99年3月まで）、人民元の分析を行ってきました。さまざまな文献を読んだり、要人に取材したりして導いた結論は、中国の通貨システムは香港ドルの米ドルペッグ制度、それに準じた方法を採用しているというものでした。

　これは多かれ少なかれ中華圏、たとえばシンガポールや台湾もそうです。中華圏の人たちは、通貨をやはり何となくドルとリンクしないと落ち着かないのではないでしょうかね。

石平　通貨の信用がない。

田村　だから、通常中国共産党といえば、共産主義国ということで反米に見えても、建国当初から毛沢東《もうたくとう》も周恩来《しゅうおんらい》も、本音ではアメリカと仲良くしたかった。ただ、建国したのが

１９４９年で、まもなく朝鮮戦争に巻き込まれて、鴨緑江《おうりょくこう》までマッカーサーに攻め込まれたものだから、やむなく人民義勇軍で反撃に出ざるを得なかった。

朝鮮戦争により中華人民共和国はアメリカから敵国扱いされ、資産も凍結されたこともあって、それまでドルリンクだった人民元を、ドルから切り離すことになったのです。

イギリスとだけは国交を続けていたから、中国はやむなくイギリスのポンドと、人民元を表面上はリンクしていました。ところが、１９７２年２月のニクソン訪中以降、毛沢東は再度ドルリンクに戻したのです。以来、中国共産党政権は、表向きアメリカ帝国主義反対とか言っているけれど、米ドルとべったりの関係なのですよ。

その極めつけがリーマン・ショックのあとでした。中国は１００％米ドルの裏付けのある人民元をずっと刷り続けてきたからこそ、胡錦濤《こきんとう》から今の習近平《しゅうきんぺい》政権に至るまで、国家として大変な膨張ができた。通貨をバンバン刷っても、人民元には必ず米ドルの１００％、あるいはそれに限りなく近い裏付けがあるのだから、これほど強い通貨、安定した通貨はなかった。

石平　いわばドルの信用にタダ乗りしたわけだ。

田村　一般の中国人が知っていたかどうかはわかりませんが、人民元はいつでもドルと交換できる非常に、安心感、安定感のある通貨でもあったのです。党幹部や資産家は香港に

グラフ2：中国の外貨準備と対外負債の前年比と資本逃避年間額（億ドル）

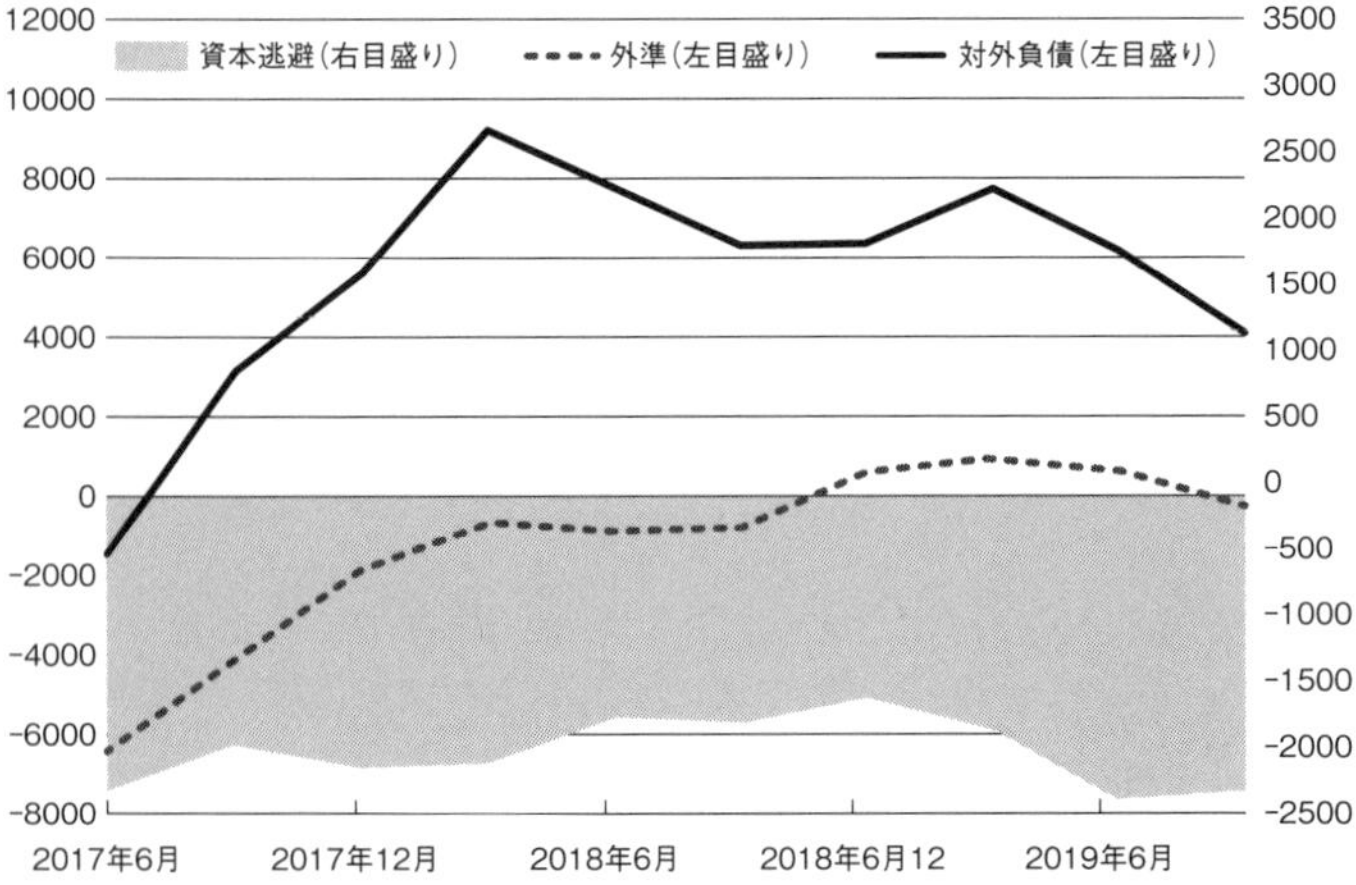

データ：CEIC　田村秀男作成

人民元を持ち込んで、米ドルといつでも好きなだけ交換できる香港ドルに替える。いずれにしても、中国共産党は通貨について、きわめてしっかりした考察と姿勢を持っていたといえます。通貨価値の安定を重んじていた。それが大成功をおさめたのがリーマン・ショックのあとだったのです。

　中国は表向きにはドルリンクから離れるみたいなことを仄《ほの》めかしたりしながらも、実際にはドルとべったりくっついて、現在に至るわけです。

石平　アメリカと貿易戦争をやってる場合ではない。

田村　実際、今、中国側の状況が怪しくなってきます。米中貿易戦争が始まる

２０１８年６月の前あたりに、中国では一部の不動産バブルが崩壊したり、資本逃避の急増に見舞われました。そのため外貨準備がなかなか増えなくなっているのです。

それで米中貿易戦争に突入すると、資本逃避がさらに激しくなってきて、とにかく外貨が入りにくくなってきたのですね。２０１９年あたりから、中国は量的な金融拡大をできなくなってしまいました。前年度比で見ると、２０１９年末までは人民元発行量が前年同期比マイナスに落ち込んでいます。不況なのに金融を引き締めざるを得ない。コロナ不況になっても、習近平政権は金融や財政の思い切った拡大ができない。

ドル頼みで四半世紀好循環を続けてきた中国式成長モデル

田村　それくらい中国の米ドルリンクは、通貨の膨張に連動するのですけれど、財政の赤字の膨張に対しても限界があるわけです。ですから表面上は「金融緩和しています」「財政を刺激しています」などと発表しているが、コロナ後の対策を見てもわかるとおり、口では大きなことを言っているわりにほとんどやれていない。非常に小さな規模しかやれていない。

それに比べてリーマン・ショックのあとは、一挙に４兆元（当時のレートで約57兆円）の財政出動をやって、インフラ関係を中心にどんどん投資して、それで金融部門もピーク時でいうと、国有商業銀行による新規貸し出し額は、前年同期比で4倍くらいになっていた。今はそんなことはとてもできません。

その一方で中国の債務が膨張している。これ以上借金を増やしたくないから、金融緩和をこれ以上やるのには限界がある、あるいは財政出動をそんなに気前よくできない。これらの実態を導いている要因はすべて中国の通貨金融の基本的なシステムにあるわけです。

それからもう一つ、米中貿易戦争が中国の金融政策に大きな影響をもたらしています。1月初旬の米中第1段階合意において、トランプ政権側は対中貿易赤字（中国の対米貿易黒字）を2000億ドル減らすことになりました。

トランプ政権としてはとにかくこれを実行させ、何が何でもアメリカのものを買えということです。いずれにしても、こうした流れは、アメリカは中国にはもうドルを渡さないという戦略を取っているわけですね。

したがって、米中間の貿易摩擦とか貿易戦争と言われてはいるけれど、基本はやはりアメリカ側は中国にドルはもう渡さない、ここに収斂するのです。習近平政権としてはこれにどうやって対応するか、これがきわめて大きな問題になっています。

要するに、中国は外貨をどんどん取り入れないとやっていけない。ところが、日本の企業はまだ中国マーケットに未練はあるとはいえ、今は対中投資どころか、中国撤退ブームに拍車がかかっている状況でしょう。

外国の企業や金融機関が中国にどんどん外貨を持って突っ込んでいく時代はとうに終わってしまった。今中国としては通貨、金融上は非常に苦しんでいるわけです。ですから、今回の中国はかつてのような財政刺激策は取れるはずがない。そう予測していましたが、そのとおりになっていますね。


石平　たしかに、リーマン・ショックの直後、当時の温家宝《おんかほう》首相は素早く4兆元という大規模な財政支出を行ったことが奏功し、中国経済が急速に回復しました。それで、今回はどうして同じことをやらないのかとずっと疑問に思っていたのです。

いま、田村さんの話を聞いて、すごく納得しました。ということは、この四半世紀続いてきた中国の成長モデルは完全に崩れたということですね。

要するに、改革開放以来やってきたことは、人民元を米ドルにリンクさせる。それで米ドルを獲得する手段の一つが輸出。もう一つは外資を中国に呼び込むこと。それで豊富な労働力を利用し、安いものをつくって、輸出で稼ぐ。

周知のとおり、中国企業が輸出で稼いだ米ドルは、中国企業には入ってこない。そのすべては政府が持つ外貨準備高になって、その一方、この外貨準備高を裏付けにして、国内で人民元を刷って、それを輸出向け企業に渡すという好循環ができていた。
２００8年当時、温家宝があれほど思い切った財政出動に踏みきれたのも、実は米ドルの裏付けがあったからだった。今それがわかりました。

田村　すべて米ドルのおかげだった。アメリカが中国に寛容だったオバマ政権だったことも、おそらく中国にとってはラッキーだったでしょう。

崩れてきた人民銀行のバランスシート

石平　そうですね。オバマは中国に優しかったからね。ただ、通常は自国の経済が発展しＧＤＰが増えれば国内消費も連動して増えていきます。でも中国の場合、国内は慢性的に内需不足で、個人消費率はＧＤＰの40％未満です。むしろ個人消費率に関しては80年代のほうが高く良いときではＧＤＰの48％もあった。経済規模が大きくなればなるほど、その経済に占める個人消費のシェアが小さくなるのが、中国経済の特徴といえます。
そうなると中国経済を支えるのは、一つは輸出です。ものを売って、それで外貨を稼いで国内の雇用を生み出す。もう一つは、投資、財政出動、公共事業。しかしながら、投資、財政出動の裏付けもまた米ドルだった。

要するに、国民があまり消費しない代わりに、四半世紀にわたる中国の成長モデルは輸出と投資で、この両方ともドルに支えられてきたわけですね。しかしこれは、孫悟空がいくら飛んでも如来仏の掌にいたのと同じで、中国がいくら頑張っても気がついたら……。

田村　アメリカの掌。つまり米ドル。

石平　問題はここですよ。どこから米ドルが来るかというと、輸出です。貿易黒字です。それをアメリカが許さないと言っている。お前たちにそんな貿易黒字をあげるつもりはないと。それで貿易戦争に突入した。今回、外国からの投資がさらに減っていくと、中国経済が四半世紀かけて成長した基盤が崩れてしまいます。

田村　崩れつつある、崩壊が始まっているわけです。ただしその前に唯一の逃げ道というか、当座の危機をしのぐ政策、やり方は借り入れですね。外国からの外貨、つまりドルの借り入れです。これしかない。

中国のドルの借り入れは18年秋あたりから急増していますね。借り入れたドルだろうが、貿易黒字で稼いだドルであろうが、中国に入ってきたドルはそのまま人民銀行の外貨資産にカウントされていくのです。だから、それでも人民元が刷れるというわけなのです。

石平　もしそれもままならなくなって、ドルの裏付けのないまま、ドルを無視して人民元札を刷ったら、絶対にインフレになるでしょう。

田村　インフレというか、中国の人が人民元の通貨価値を信用しなくなる。中国の人はとても現実的ですからね。

石平　現実的です。今の話はすごく面白くて、中国の人が人民元を信用している、中央政府を信用しているのは、本質的にはドルを信用していることなのです。

田村　そうそう、信用できるのは金かドルでしょう。その次は不動産でしょう。だからできるだけ人民元は選びたくないわけです。けれども、そんな人民元でもちゃんとドルに交換できるなら持っててもいいと。

石平　いちおう個人も企業も、必要なドルは、人民元と交換できますからね。

田村　これまでのところはね。ところが、人民銀行のバランスシートに資産の部と、負債の部があるでしょう。人民元の発行は、人民銀行にとり負債になります。その負債である人民元の発行残高と、資産の部の外貨資産、これが2年くらい前までは一致していた。

ところが、このところ外貨の比率が次第に下がっているわけです。コロナの不況対策があるから、お金を刷らざるを得なくなった。経済成長のためにもお金を刷らなければなりません。それが故にこの2年ほどで、じわじわと外貨比率が下がってきて、60%台まで下がってきた。

でも、それ以上は下げていません。どういう意味かというと、人民元を刷らないという

グラフ3：中国人民銀行の資金発行、外貨資産の前年比増減と外貨資産比率
（いずれも3月末、%）

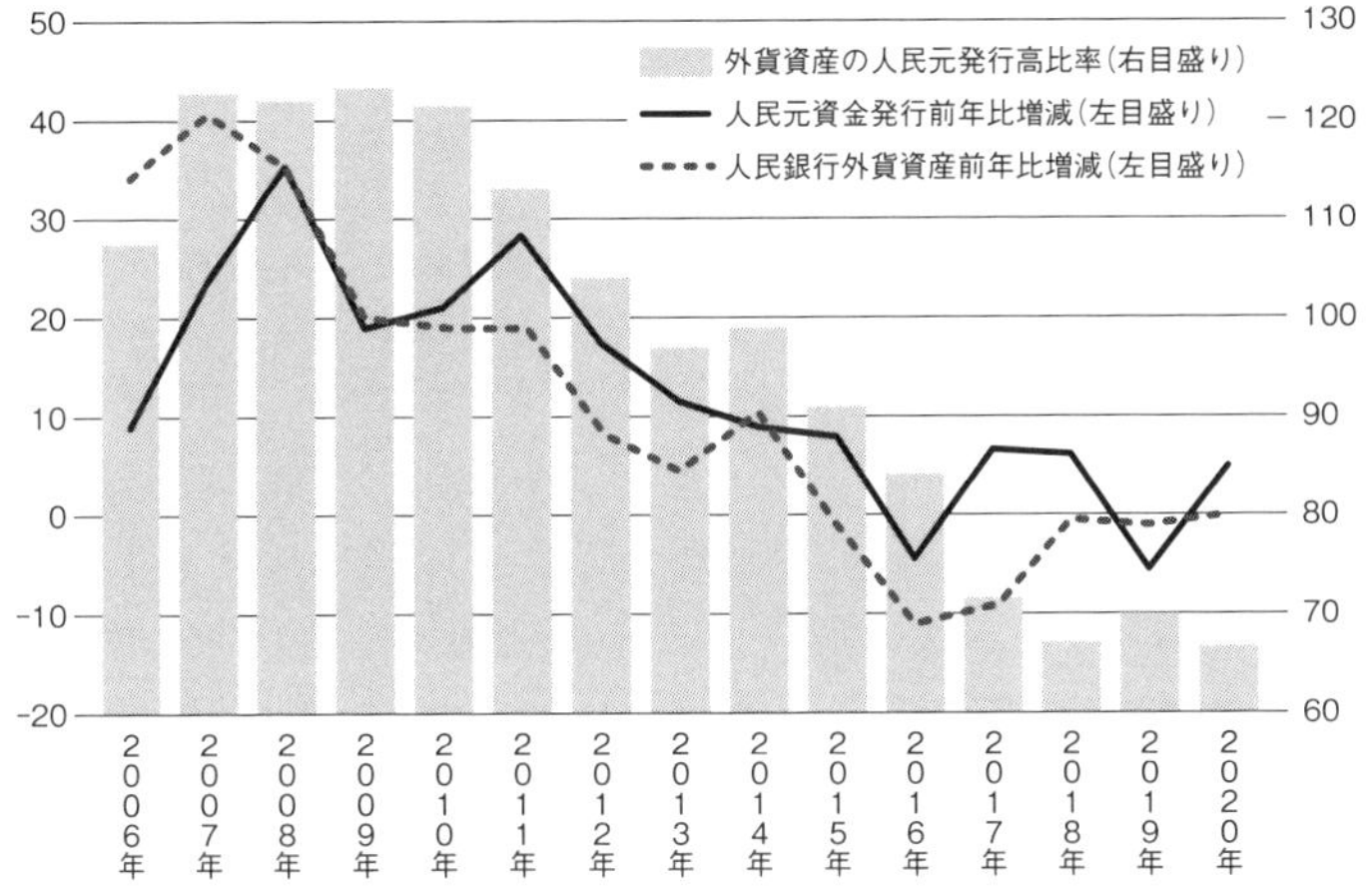

わけです。刷らないということはおそらく、6割のラインを死守しなければならないと党中央政府が判断したのではないかと、私は推察しています（グラフ3参照）。

人民元の発行残高と外貨資産の比率が6割を切って、さらに減って5割になり、4割になり、3割になったら中国はどうなるのか。党中央政府は今、凄《すさ》まじい恐怖を覚えていると思いますよ。

成長通貨の供給ができなくなった中国

田村　ですから、中国政府は6割のラインはなかなか崩せない。口では金利を下げましたとか、準備率を引き下げて金融緩和をしていますなどと説明しているけれど、絶対に量的には増やさない。

石平　問題はここですよ。量的に増やさないと、国内の景気刺激策がもうどうにもならない。今中国政府に残された唯一の必殺の剣は人民元を刷ること。刷って投資に回す。もう一つは、どんなに外貨の稼ぎが減っても、中国は食料や石油などを輸入に頼っているため、どんどんお金を使わなければならない。

中国政府手持ちのドルが減る一方で、人民元を刷らざるを得ない。これをやってしまうと、どういうリアクションが起きるのでしょうか？

田村　一般的な経済理論でいうと、中央銀行が刷るお金は、「経済成長のための通貨供給」となります。つまり、成長率が高ければ、成長に応じてその分だけ通貨を増やさないと、追加的な資金需要に応えられないからです。

これまでの中国の名目成長率は8％、実質で6％台とされてきました。今回の全人代では目標成長率の発表もしませんでしたが、昨年までは実質6％台で、名目ベースでインフレ率を加味したら、だいたい8％程度の成長、つまり通貨は少なくとも8％成長のために余計に刷らなければいけない。これは成長に必要なお金ですから。

ところが、今はこれがゼロなのです。ゼロで経済成長しろといったって、どうやればいいのという話になってしまう、これはマクロ経済の視点から捉えると、すでに中国経済は完全に行き詰まっていますね。成長通貨が供給できないということですから。
行き詰まったらどうすればいいのか？　石平さんが言われたとおり、ドルなど度外視して、とにかく人民元を刷ればいいだろうと。

石平　とにかく刷るわけだ。

田村　そうすると中国は次に何をしなければならないかというと、帝国主義的政策をとらざるを得ないのです。

石平　それが一帯一路だ。

田村　つまり、力でもって有無を言わさず、相手に「人民元でものを売れ、買え」とね。
要するに、帝国主義的なパワーでもって人民元経済圏をこしらえるわけです。

一帯一路の本当の思惑

田村　一帯一路の戦略とはそれなのです。ところが、一帯一路に参加した大半の国が、人民元なんか嫌だって思うのは当然でしょう。まだ力でもって相手を征服して、自国の属国や領土にしたわけでもないのですから。そこで中国の手口をお教えしましょう。相当あくどい手口を。

一帯一路で、たとえばパキスタンだとかスリランカだとか、比較的弱小国を相手に行うプロジェクトについては、ことごとく中国の人民元金融でやります。つまり、相手国の人たちが人民元を受け取りたくないなら、中国は自国のワーカーを大挙連れてきて、設計、施工、すべてのプロジェクトを中国企業が行います。現場にはチャイナタウンが生まれ、華字新聞まで発行される。

ここまでは皆さんも知っている話だと思います。そこで行われるプロジェクトに関する金融は、中国の国有商業銀行が手当します。ワーカーも施行企業も中国だから、すべてが人民元で解決するでしょう。ところが、相手国との契約はドル契約なのです。だから債務については、たとえパキスタンでもドルで債務を抱えてしまうことになる。

石平　なるほど、スリランカ、マレーシア、モルディブもそうですね。

田村　もしドルで返済できなかったら、「その港湾、空港、高速道路などのインフラはすべて中国のものだ」と。あるいは「99年間はそこを中国の支配下に置く」とかね。こういうことを中国は行ってきており、今、世界からそっぽを向かれようとしているわけです。

しかし今回のように、かなり金融面で追い詰められているなか、この強引なるやり方をさらに強引にして、武力でも何でも使って、もう有無を言わせず、周りの弱小国に対しては「すべて中国の言うことを聞け」と迫るのでしょうね。いわば非常に乱暴な19世紀型帝

グラフ4：「一帯一路」プロジェクトの新規契約と投資（億ドル）

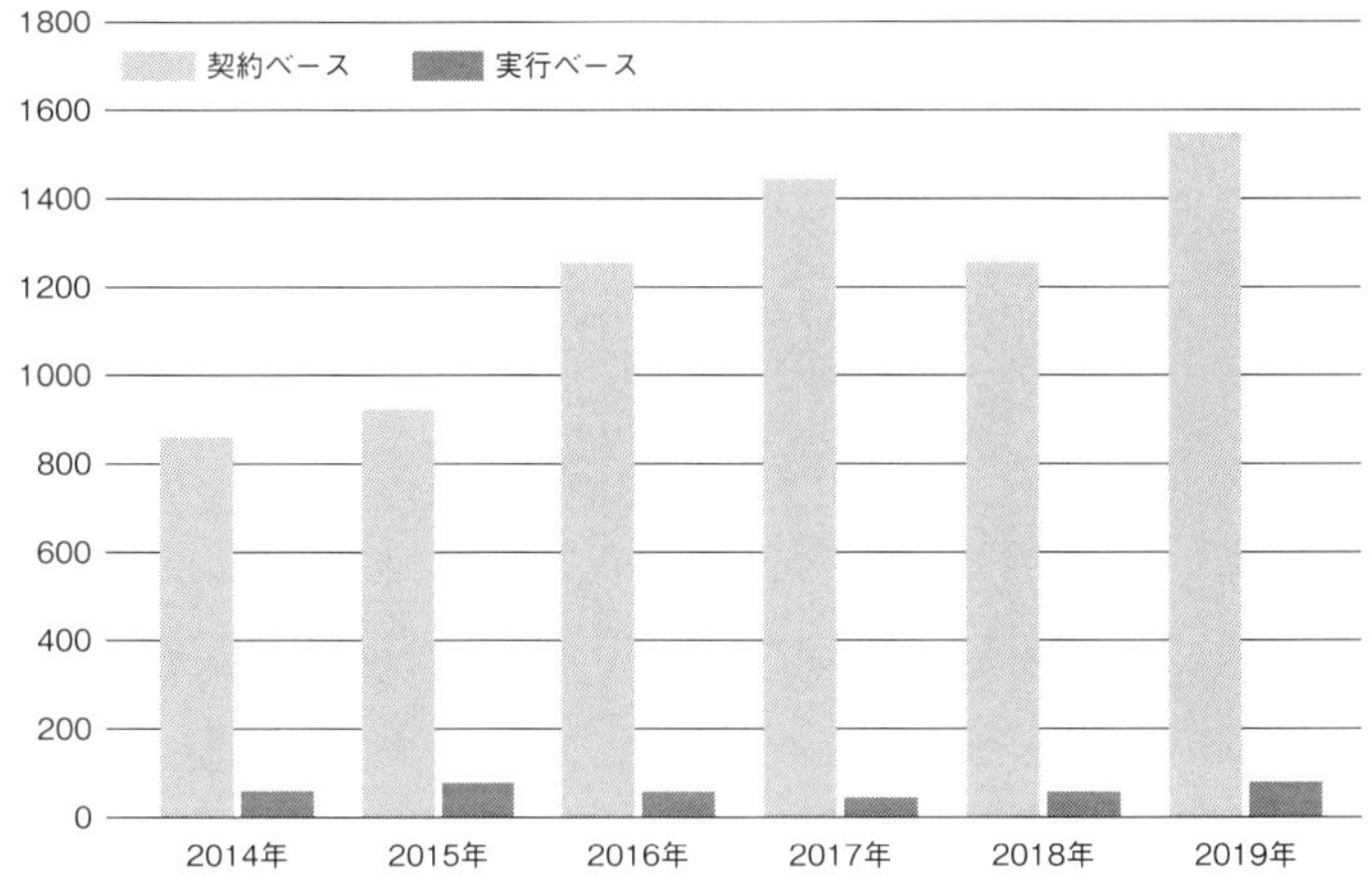

国主義を習近平政権が始めるというか、対外的に侵略主義的な膨張政策的な傾向を強めていくだろうと私は思います。グラフを見ると、実行ベースが契約に比べてきわめて少ないのですが、契約はドル建て、実行は人民元で完結というすり替えではないかと私は疑っています（グラフ4参照）。

石平　ただし、経済という意味では、この侵略的膨張戦略は成功しないでしょう。先刻の通貨の観点からも間に合わないです。

中国周辺の一帯一路に参加する多くの国々は、あれは別に中国の軍事力を買っているわけではない。中国のドルを期待しているのです（笑）。中国の手持ちのドルとしての外貨準備高を期待している。別にみんな中国の人民元を欲しがっているわけでなく、中国のドルが回ってくるのを期待しているのです。

田村　少なくとも相手国としたら、中国が全面的に丸抱えでインフラをバーンと整備してくれるなら、それはそっちのほうがありがたいわけですね。中国にしてみれば、人民元で解決できるようなことであれば、国内のインフラ事業とまったく意味合いが違ってきます。

モノについても輸出になるし、輸出に伴う債権は相手国にとっては債務になりますから、これはドルでやればいいのです。

一方、一帯一路でドル資金を調達、融資する役割を担っているAIIBは安い金利でドルを調達できず、開店休業です。やはり国際金融の世界では信用も実績もないことから、上乗せ金利であるチャイナプレミアムに苦しめられているわけです。

一帯一路についても、「参加国は〝債務の罠《わな》〟に嵌《は》められる」とアメリカに見抜かれてしまい、さんざんな批判を浴びているわけでしょう。その一帯一路自身、もはやソフトな路線では通用しなくなってしまったから、強引にやるしかなくなっている。

石平　でも、強引にやると世界の批判がますます激しくなる……。

田村　だから、そこが軍事力なのですね。尖閣の周辺もそうだけれど、南シナ海のように中国の強権的な武力をちらつかせるようなやり方はこれからますます強くなっていくのでしょうね。

石平　そうです。現実に西アジアやアフリカまで中国は軍事力を及ぼすことになります。でもおそらく、環太平洋地域、東南アジアにとっては南シナ海が一番効く。

田村　コロナショックの勃発後に、南シナ海の進出をぐんと強化したでしょう。中国は2012年には南シナ海に建設した人工島の周辺一帯を海南省三沙市と勝手に設定しました。今度は「西沙区」と「南沙区」の2行政区をこれまた勝手に発表、南シナ海の実効支配を着々と進めています。

石平　今の田村さんの話を聞きますと、軍事戦略も地政学的な問題も当然あるけれど、結局、中国経済自体がリンクしている。

田村　だから、経済の行き詰まりが対外的な膨張政策を余計に強めていく、という傾向だと思うわけです。

石平　ただし、また別の章で軍事戦略について議論したいのですが、おそらくどう考えても、習近平の思惑どおりにはならない。

第一、香港一つとっても、自分たちの領土と称しながら抑え切れない。台湾はますます離れていく。アジアのあちこちでみんなが反発する。今後、米中対立がさらに深まれば、アジア各国が中国から離れていくのは火を見るよりも明らか。何よりも中国経済が構造的にドル依存ということから、アメリカが中国を捻《ね》じ伏せるのはそう難しいことではない。

第2章

香港で壮絶なギャンブルに出た習近平

香港を殺した習近平

田村　最近のホットなイシューは何と言っても香港です。石平さんも書いておられたように、先の全人代において香港に対する国家安全法の導入が決定された。そして6月30日の全人代常務委員会で、「香港国家安全維持法」を全会一致で可決した。習近平国家主席が同日公布し、同法は成立した。これは香港でも中国並みの言論や政治の統制を行うということに他なりません。これにより、あそこまで香港の一国二制度、高度なる自治を保障した一国二制度を完全に骨抜きにしてしまった。

石平　ようするに、これからの香港は香港政府の上に「国家安全維持公署」という中央政府直属の公安警察・秘密警察機関が置かれることになる。つまり警察のほうが政府よりも上になることを意味します。これは、共産党政権の「管轄下」で独自に調査権・逮捕権を行使できるため、この法律を拡大解釈すれば、自由自在に逮捕・中国本土へ引渡し・公開で裁判しない・殺すなど中国のやりたい放題ができる。文明国にはあるまじき法律です。

それだけでなく、その第38条では次のような驚くべき条文があります。「香港特別区住民の身分を持たない人が、香港特別区以外の場所で本法律の定めた犯罪を犯した場合、本法律の適用となる」。つまり、たとえば、日本人が日本のなかで――香港ではなく――日本のなかで香港の民主化運動を支持するようなことを言えばこの法律による処罰の対象となる、ということです。これほど、横暴にして不可思議な法律はおそらく世界広しといってもないでしょう。

これにより今後どういうことが起こるか予測すると、第1に香港人の大量国外逃亡、および人材と資金の流失、第2に外国企業の金融機関の香港からの撤退・移転、第3に自由貿易港としての香港の機能喪失、第4に国際金融センターとしての香港の終焉《しゅうえん》、第5に一国二制度の死、つまり、香港の死です。

香港ドルと米ドルの交換停止という伝家の宝刀

田村　こうした中国の暴挙を察知していた香港人は、2019年から、香港の中国からの一種の自立を通り越して、独立まで行こうというムーブメントが強まっていました。そして中国側が衝撃を受けたのが同年11月末にアメリカで「香港人権・民主主義法」が成立したことでした。

同法の建前は、一国二制度を中国が踏みにじった場合、アメリカとしては中国に対してさまざまな制裁を科すというものですが、本当に中国が困るのは、香港に対する優遇措置適用を取り消す場合があるという条項だった。

その端っこに、アメリカ国務省としては中国が香港の人権弾圧を強めるようであれば、ある認可を見直すと書いてある。それは、香港ドルとアメリカドルの交換を禁止する、あるいは禁止を検討するという意味です。これをやられると、香港は国際金融センターとして機能しなくなる。香港が駄目になると、西側資本も香港の人たちも困るかもしれない。しかし、もっとも困るのは中国本土なのです。

石平　それはどういうことでしょうか？

田村　中国に入ってくる直接投資、あるいは中国から海外に向けて出て行く直接投資、これの６割から７割が香港経由なのです。香港ドルが国際通貨としてドルと交換できないとなると、中国はお手上げになってしまう。

中国本土からお金が香港に入ってくる。そのお金を香港ドルに替える。香港ドルは完全にドルにペッグしているから、米ドルと自由に交換できます。しかも香港は自由で透明性のある金融市場なので、全世界からドルが集まってくる。したがって、香港経由で中国との貿易、投資は進むし、中国の金融機関や企業は米ドルを調達してきました。

中国政府は上海を香港に替わる国際金融の柱にしたかったのですが、自由度、透明度、そして人材面でまったく相手になりません。しかも現在の中国は、先にも言及したように、資本逃避が続いていて、外貨準備をこれ以上減らさないため、海外からチャイナプレミアムを払ってまで外貨を調達しているありさまです。

香港市場において香港ドルと米ドルとの取引停止になれば、中国は外貨を手に入れたり、外貨を使って自分たちのビジネスを拡張したりすることができなくなるわけですね。また、外資もだいたいが香港経由ですから、対中投資ができなくなります。

そうすると、死ぬのは誰かわかりますよね（笑）。私は、アメリカはそれをわかった上で、そういう条項を潜らせていると思っています。これは議会が超党派を通していますから、伝家の宝刀といえます。

習近平政権は全人代で国家安全法を香港立法会の手続きを経ずに施行します。もはや米議会とホワイトハウスの出方が見物だ。

トランプが「よし、わかった。香港ドルと米ドルへの交換を停止する」と言い出したら、習近平の完全に負けです。負けはわかっているけれども、習近平政権としては、ここはおそらく賭けでしょうね。でも、香港ドル条項は伝家の宝刀だからそう簡単には抜かない。あくまでも脅しの手段としてちらつかす。実際には米議会が超党派で別の対中制裁法案を成立させようとしています。

米下院は7月1日、香港で抗議活動を行う民主派の弾圧に関与する中国当局者や組織と取引を行う金融機関に制裁を科す超党派の「香港自治法案」を全会一致で可決しました。続いて上院で可決され、7月14日にトランプ大統領が署名し、成立しました。問題とみなされる銀行は米銀からのドル融資が禁じられるでしょう。

トランプ政権はすでに、貿易や金融市場を通じた中国企業の外貨取得を制限し、中国の通信機器大手ファーウェイ（華為技術）などに対するハイテク禁輸を強化し、日欧にも強く同調を求める。

外貨不足に悩む習政権は大幅な金融緩和ができず、財政支出を含めしょぼい新型コロナウイルス恐慌対策しか打てないでいる。次世代通信技術5Gに欠かせない半導体も入手難。香港抑圧の代償で、チャイナリスク極まれりですね。

アメリカの罠と中国の賭け

石平　問題はここですよ。この賭けは、米中双方の利害関係をわかった上で、リスクを計るわけですからね。これは私の推測ですけれど、今、田村さんに伺った話について、習近平は理解できていない（笑）。

田村　それは困るなあ。

石平　その可能性は十分にあります。まず、習近平は高度な頭脳を持っていないことです。しかも、そうした金融の分野については、もっとも不得手でしょうから。

今、彼は独裁者になった。周辺はイエスマンばかり。彼にそういう話をする人間がいるかどうか。仮に度胸のある側近がいるとして話してみても、習近平には漠然としか理解できないでしょう。

経済面でない事柄についても、おそらくわかっていない。19年6月の「逃亡犯条例」改正案を出しただけで、香港があれほどの騒ぎになった。逃亡犯条例の何十倍も怖い国家安全法の香港導入を行ったら香港はどう反応するか、国際社会はどう反応するか。普通の人間でもわかるはずですが、習近平はどうやらわかっていません。やる気満々です。しかもああいう独裁者はいったんやると言い出したら聞かない。

逆に田村さんの話からすれば、まんまとアメリカの罠《わな》に嵌《は》まってしまうことになります。アメリカはすでに落し穴をちゃんと掘って、習近平がそのなかに落ちるのを待ち構えている。

逃亡犯条例の改正は、香港人の容疑者が中国に引き渡される危険性があるということで、香港の抗議活動は激しく燃え上がった。

でも、この香港に対する国家安全維持法が施行されたことで、香港市民は必死の覚悟で戦う。その鎮圧が血の鎮圧につながる。場合によっては、香港で天安門事件が起きる。

そうなるとたとえ、2020年の大統領選でトランプが敗れたとしても中国に対する強硬姿勢を崩すわけにはいかなくなる。

あるいはもっと早い時期に、トランプが伝家の宝刀を抜くことも十分あり得ます。大統領選挙の下馬評で彼は不利だから、それで挽回《ばんかい》を狙《ねら》うかもしれない。

そうなると、米ドルと香港ドルのペッグが途切れてしまう。これはあらゆる分野で中国を切り離すという戦略のなかでも、もっとも重要な国際金融の戦いで、中国を打ちのめす結果となります。

上海は香港の代替にはなり得ない

田村　だから、石平さんの言われるとおり、習近平が自覚しようがしまいが、「香港人権・民主主義法」は習近平政権にとってみれば自爆誘導装置なのですよ。

だから、やけくそで国家安全法を香港に導入するという大きなギャンブルに出て、それでアメリカもさすがにそこまではやらないのであれば、つまり香港ドルと米ドルの関係が変わらないのであれば、そして一部の党幹部や国有銀行のドル取引禁止など最小限の金融制裁ですめば、これは習近平の勝利と言えなくもない。

アメリカ側が「そこまではちょっと」とびびってしまう可能性はゼロではない。民主党政権のオバマであれば、あるいは秋の大統領選でバイデンが勝つようなことがあれば、おそらくそこまではやらないでしょうから。

石平　もし香港の情勢が急変して、アメリカが物理的に、時間的に、手続き上、「香港人権・民主主義法」発動まで時間はかかるのですか？　現政権では間に合わないとか。

田村　いや、現政権でもできますよ。ただし石平さんが懸念されるとおり、たしかに時間の問題はあります。

だから、香港の抗議デモがどんどん広がって、激しくなってきて、混乱になるのを見越しているのかもしれない。いずれにしても中国側にしてみれば、先ほども申し上げたように、これは大きな賭けなのです。

石平 問題はこの賭けは習近平と中国にとって、リスクが大きい。

田村 大きいですよ。

石平 リスクが大きい割に、勝ったとしても、要するに香港を抑えただけ、香港が静かになるだけの話であって、実際にはあまり意味がない。香港の人々を黙らせる、もう習近平の馬鹿とはみんなは言わなくなる。そのために、「国家安全法」の香港への導入を行ってしまうのは、習近平の自爆というよりは、何か習近平自身が中国を潰《つぶ》したくて仕方がないように思えてしまいます。

田村 だから、習近平自身が危うくなる可能性がまた出てくるでしょう。中国本土の人も馬鹿ではありません。これが有利か不利かぐらいは、だいたい判断がつきますよね。

石平 もう一つ、「香港人権・民主主義法」が発動したら、アメリカの香港に対する関税上の優遇もなくなる。香港の輸出経済、あるいは中国が香港を通じて輸出することも止められる。さらにこれはおさらいになるけれど、香港ドルと米ドルとのペッグが廃されることで、香港の最大の強みであった国際仲介機能が失われてしまう。
もし万が一、習近平という指導者がそれを認識していながらも、「国家安全法」の香港への導入を断行するならば、逆に不気味です。

田村　いやあ、破れかぶれだと思いますね。習近平は上海の金融市場があるから、香港を上海に替えればいいと甘く考えている可能性だってありますから。

石平　ああ。実際には無理でしょう。いくらなんでも、上海が香港に取って代わるだなんて。

田村　たとえば上海がアメリカのウォール街の金融市場みたいになっても、みんな怖がって誰も寄り付かない。なぜかというと、上海に投資したら、いつ差し押さえられるかわからない。上海は依然として、中国共産党による統制と規制でがんじがらめになっているのですから、話にならないわけです。
それから1月15日の米中貿易合意で、西側の証券会社や保険会社などは門戸開放の間口を広げたのですが、アメリカだけは動かなかった。警戒しているわけです。そう簡単に中国に進出して、あるいはビジネスを拡大しても、リスクのほうが大きいという判断なのでしょう。
中国側にとっては外貨が欲しい。ですから、アメリカや日本やヨーロッパの金融資本を通して、外貨が中国本土に入ってくることを一番望んでいるわけです。ところが、中国のリスクがあまりにも大きいということであれば、それは舞台が上海であろうと関係ないですね。

石平　ただし香港ならば、対中国の投資が香港の法制によって担保される。

田村　だから、ダイレクトに中国の本土法が適用されるような上海では安心してビジネスなどできないということです。

民主国家の強欲資本主義を見透かす北京

田村　北京のほうは、表現や言論の自由、人権がなくても、まだまだ香港市場は持つと読んでいるフシがありますね。金儲《もう》けのためには人権や自由を圧殺しても構わないという、何ともおぞましい中国式プラグマティズムですが、金融市場というのはもともと強欲が先行しますからね。現に、香港国家安全法が施行された翌日、7月2日の香港株式市場、ハンセン指数は前営業日比2.9％高で引けました。同日付けロイター電は「香港市場に上場する中国企業は増え、中国本土からの資金流入は拡大し、世界第2位の経済大国である中国本土と香港の金融的なつながりも一層強化されると、市場関係者は期待している」と報じたのですが、実際に中国大手企業の香港市場新規株式上場（ＩＰＯ）の波が押し寄せ、巨額の資金が香港に流れ込んでいます。

私は日経新聞支局長として１９９７年７月の英国の香港返還を取材し、３年間ほど香港に駐在しました。思い出すのは１９９５年10月４日、中国共産党統一戦線工作部が香港に隣接する深圳《しんせん》市羅湖《らこ》区にある党幹部専用ホテル「貝峻居賓館」に香港進出の中国国有企業30社の代表を召集したことです。新華社、中国銀行、華潤公司などの香港代表に対して、党中央は香港での不動産、株買いを命じました。当時、迫る返還を前に香港株式や不動産市場は不透明感が漂って不安な状態だった。党中央としては香港返還の成功を内外に誇示するためには、香港市場の活況が欠かせない。中国銀行など中国国有商業銀行は国有企業にふんだんに資金供給し、各社は香港株、不動産買いに出動した。香港財閥も呼応しました。不動産価格はじわじわと回復し、株価も連動し、史上最高値で返還を迎えたのです。

今回も党中央によって「統一戦線工作」の布石が事前に打たれたのでしょうね。香港の株式時価総額に占める中国企業の割合はすでに73％に達し、香港市場で２０１９年に実施された新規株式公開では、資金調達額の82％を中国関連企業が占めたのです。

カネの前には誰しもが跪《ひざまず》くのが強欲資本主義です。中国資本ばかりではない。香港財閥、東南アジア華僑、そしてニューヨーク・ウォール街やロンドンの金融資本ももちろんですね。日米欧の7カ国（G7）外相会議がいくら「自治、人権、民主主義を守れ」と言っても、しょせんはきれい事だと、北京はせせら笑ったに違いないでしょうね。だから香港では自由がなくてもカネは儲けられるはずだ、われわれ共産党に従えばそうさせられるぞ、西側も結局はその誘惑には勝てないだろうと踏んで、ためらいもなく香港から自由を取り去ったのではないかとも思いますよ。

ならば、香港の自由抑圧をやめさせる有効な方法はただ一つしかない。中国資本の香港での強欲を禁じることであり、その切り札を持つのは基軸通貨国米国しかないのです。

西側で「脱中国」できない筆頭は日本

石平　中国には「殺鶏取卵」という諺《ことわざ》があって、何か鶏を殺して卵を取るようなことが愚行として言われますが、習近平のやっていることはそれ以上で、鶏を殺して卵すら取れないわけです。もう一つ、中国は今でもタカを括っているのは、「中国がどんなふるまいをしても、国際資本は14億人の中国市場を放置しない」といった驕《おご》りがあるからです。

田村　それは一部のアメリカのGMとか、アメリカ本土で完全にトヨタやドイツのメーカーにさんざん負けてしまったから、中国しか売り先がないわけです。そういうアメリカのビジネス界だって、「脱中国」をなかなか声高に言えないところがありますね。

石平　たとえば２０１８年における中国の年間販売台数は２０００万台以上で、世界一の市場でした。しかしご存知のように、２０１９年半ばから毎月の自動車販売台数は前年同期比で10％以上のマイナスがずっと続いています。自動車市場はすでに飽和状態となって落ちる方向へ転じています。

田村　ところが、北京の官僚も馬鹿ではないから、在来型のエンジン車でなく、ＥＶ（電気自動車）にシフトさせています。それでアメリカの産業界をおびき寄せるために、ＥＶの先駆者であるテスラに対する大胆な優遇策を行っています。

ということは、テスラはチャイナマーケットがなかったら、生きていけないわけですね。ＥＶについては、いちおうこれからの成長市場だと言われています。習近平がどういうふうに考えているか知りませんが、中国の産業政策そのものは割とうまく、戦略的に考えているのは見逃せないですね。

石平　なるほどなるほど。しかし問題は、個別の産業政策よりも、今の中国経済、国際政治、軍事戦略などにおける習近平の判断が誤っていることです。誤った道に向かってしまったことで、より強硬なほうへ傾斜しています。

そうすると、一つが崩れると全体が崩れかねない。まさに中国はその分岐点に差し掛かっています。

田村　あとは西側がいかに結束できるかですね。西側世界というか、ヨーロッパと日本ですよ。私は一番弱いところは実はドイツかイギリスかと思っていたけれど、今はひょっとして日本かなと思い始めていて、非常に気になっています。

石平　やっぱり日本は財界が中国に対して幻想か何か、過大な期待をね……。

田村　アメリカで一番中国に弱みを持っているのはGMですよね。日本はどうか。日本の財界全部がそうではないかと（笑）。

石平　そっか、そっか（笑）。

田村　これが困るのだよね。政治家もそうでしょう。安倍政権もようするに財界に、経団連に引きずられているわけです。日中新時代だとか言って、習近平を国賓として呼ばなければならないと本気で考えているのですから。

石平　だからコロナウイルスの初動の段階で、なかなか日本政府は中国からの渡航者の制限に踏み切れなかった。

ユーゴの中国大使館が米軍機に空爆されても我慢に徹した江沢民政権

田村　話は変わりますが、ファーウェイのハイテクに関しては、アメリカがもう全面禁輸に踏み切ります。本当に台湾のＴＳＭＣはアメリカから技術も製造装置も何もかも入らなくなったら、ＴＳＭＣ自体がやっていけなくなります。

石平　逆にファーウェイもＴＳＭＣらのチップや半導体が手に入らなくなると、スマホがつくれなくなってしまう。

田村　５Ｇもできないですね。その代替源をどこかで探そうとしているけれど、なかなか難しいでしょう。

石平　おそらく世界中を探しても、アメリカの特許技術をまったく使わない半導体はない。

田村　半導体の製造装置のマーケットシェアはだいたいアメリカ勢が５割ぐらいですからね。アメリカの製造装置を使わずして、あるいはアメリカの特許技術を使わずして、半導体はつくれませんよ。

石平　そこで国際政治の話になるのですが、結局、習近平政権になってからこの８年間、彼らがやった一番愚かなことは、アメリカを敵に回したことでした（笑）。

田村　アメリカという覇権国は、相当強引なところがあります。自分たちがつくった法律をいきなり適用するわけです。これは昔からやっていますからね。これはいわゆる覇権国家〝特有〟のものです。

石平　問題は、中国が冷静に考えてみれば、ファーウェイ一つとっても、技術はアメリカからの輸入に依存している。アメリカがハイテク技術の流出を厳格に止めてしまうと何もできない。さらに中国経済全体は田村さんの話では、そもそもドルに頼り切っている。

田村　ドルとハイテク技術において、中国は完全にアメリカに依存してきた。

石平　なのに、よくもまあ、アメリカに対してあのような横暴な態度に出られるものかと思います。中国は鄧小平《とうしょうへい》時代から築き上げてきたアメリカに対する依存関係を、胡錦濤《こきんとう》時代までは享受し続けてきたわけです。むろん、国民にはアメリカに依存しているとは言うことはありません。ただし、アメリカを敵に回すことなどあり得なかった。ようするに、中国は黙ってアメリカの恩恵を受けてきた。

たとえば江沢民《こうたくみん》政権時代の1999年5月、ユーゴスラビアの中国大使館がアメリカ軍機に爆撃され中国人記者ら3人が死亡しました。大使館を爆撃されるということイコール、領土を爆撃されることだから、それでも江沢民政権は我慢した。

当時の政治局常務委員だった李長春《りちょうしゅん》が面白いことを言っていました。「われわれの世界のなかには、どうにもならない三つの存在がある。この三つの存在の逆鱗《げきりん》にはけっして触れてはならない」のだと。

まず、中国国内では、「共産党の逆鱗に触れるならば、必ずその者は潰される」。次に国際社会では「アメリカの逆鱗に触れては絶対にいけない。その国は潰される」。さらに「人類全体においては、大自然の逆鱗に触れてはいけない」と続けた。まあ、最後のものは洒落《しゃれ》みたいなもので、ようは、中国では共産党は絶対的なものだが、その共産党もアメリカには逆らってはならないものであるという戒めを李長春は説いたのですね。

田村　それは並々ならぬ現実主義ですね。

石平　現実主義です。習近平はそれをわかっていません。

田村　なぜわからないのか不思議ですね。自分の力を錯覚してしまったのでしょうか？

石平　そうですね。完全に錯覚してしまった。アメリカと対等に渡り合うことができる、と。経済や通貨の仕組みを正確に理解できていないから、そんな錯覚をするのです。

田村　ベオグラードの中国大使館の爆撃に話を戻すと、あれは誤爆だったと、当時のクリントン政権は言い訳していましたよね。

石平　誤爆ではないよ。

田村　私はあの頃、ワシントンの取材をしていて、張本人というかホワイトハウスに一番近い安全保障専門家から真相を聞いたのですよ。「どうなんだい?」と言ったら、「いや田村なあ、あれは、ようするにベオグラード中国大使館、実はあそこがコソボの紛争の武器を敵側に流す供給ネットワークの中枢だった。だからこそピンポイントでドーンとやった。あんなのは誤爆であるはずがないだろう」と。

石平　大使館を誤爆(笑)。しかもあんなに精密正確に命中させておいて(笑)。

田村　アメリカ側は中国がどんな反応するかはわかっていた。中国側は絶対に、多少の抗議はするだろうけれど、あれは大騒ぎにならず、少し経てば沈黙するはずだとね。そのとおりになりました。

わざわざ中国の古傷に触れた習近平

石平　当時の江沢民政権は我慢した。しかし、これは中国にとっては汚点でしょう。大使館が爆撃されたわけですからね。中国としては古傷には触れたくない。

ところが習近平は、わざと古傷に触れたがる。彼は2016年6月、セルビア(旧ユーゴ)を訪問した。首都のベオグラードに到着早々、真っ先に訪れたのは市内にある旧中国大使館の跡地でした。

アメリカの空爆以来17年間、中国政府は事件を忘れたかのようなふりをしてきました。アメリカに対する外交的配慮が理由の一つだが、やはり中国側にしては、自国の大使館がアメリカ軍に爆破されても相応の反撃ができなかったことは、まさに屈辱の記憶であり、触れたくない古傷です。

しかし、このベオグラードの旧中国大使館の跡への訪問は、習近平がアメリカの「旧悪」をけっして忘れていないことを世に示した。そこには米中関係に対する外交的配慮はみじんもなかった。アメリカに対する赤裸々な敵愾心《てきがいしん》が読み取られただけでした。わざわざアメリカを刺激してしまった。

そうした伏線があって、中国武漢発の新型コロナウイルスがアメリカに感染拡大をもたらしたので、おそらくアメリカ議会は超党派で「中国は敵」という共通認識が固まったのではないでしょうか。

田村　全米国民の世論についてですが、以前は親中の比率もけっこう高かったのですが、今はもうガタ減りですね。圧倒的多数の世論が反中になりました。特にコロナ以降がすごい。だから、トランプ政権は余計に強気になるわけ。

だから東アジアにおいてアメリカは香港と台湾への肩入れに拍車をかけています。

脱中国を驀進する台湾

石平　今のアメリカの台湾に対する態度を見ると、中国への忖度《そんたく》も配慮も何もないです。

田村　なくなりましたね。

石平　蔡英文《さいえいぶん》総統の2期目の就任式では、ポンペイオ国務長官は祝福の声明まで送って、しかも蔡英文さんを「総統」と呼んでいました。信頼できるパートナーの台湾をほぼ国家として扱っていました。

その当日には、台湾は中国軍の空母を撃沈できる魚雷をアメリカから購入する一方、TSMCがアメリカの方針に従って対米投資を行い、反ファーウェイ網に共同歩調をとることを表明しています。

つまり習近平が台湾に対して強硬姿勢をとればとるほど、台湾とアメリカとの一体化が進む。おそらく台湾にすれば先端技術と経済面でアメリカと一体化すること自体が一種の防衛戦略になっているのです。

田村　中国への依存を断ち切ることが、蔡英文政権のみならず、台湾全体の利害にも、ひいては台湾自身の生き残りにも関わってきます。

もう一つ、アメリカと中国の軍事的な緊張関係が生じる南シナ海、東シナ海、尖閣の周辺などのちょうど真ん中に位置するのが台湾なのです。

アメリカの本気度を示すように、台湾にあるアメリカの代表機関、米在台協会（ＡＩＴ）台北事務所が新庁舎を昨年６月に建設、オープンしました。総工費約２億５０００万ドル（約２７８億円）を投じ、台北市東部に総面積約１万５０００平方メートルという大型のもので、まるで要塞《ようさい》のたたずまいです。

まあ、ここが在台湾の実質的なアメリカ大使館になります。台湾のジャーナリストに言わせると、ここは「あそこの中身は全部レーダー」ということでした。今回特徴的だったのは、ＡＩＴと台湾軍を完全に切り離したことでした。

台湾の国軍は旧国民党軍だから、けっこう大陸につながっている軍人がいて、情報が筒抜けになる恐れがあるからです。

石平　米台の軍事関係のネックです。

田村　アメリカが独自でそこにレーダーのセンターを置いて、大陸関係の情報を収集する情報拠点という位置づけですね。中国との情報戦争に勝たなければなりませんから。

石平　それは台湾にとっては非常に心強い。もう中国は簡単に手を出さなくなってくる。中国がもし台湾に軍事攻撃をする場合、彼らが一番心配するのは、アメリカの出方ですよ。

台北市郊外の米在台協会（AIT）本部。撮影は2018年5月で翌月完工、開業したのは1年後の19年6月。撮影田村

アメリカが台湾との一体化を進めると、ますます中国は手を出せなくなる。

そして中国共産党にとりもっとも深刻な問題は、台湾統一、台湾併合を果たせなくなると、中国共産党は政権の正当性を主張するのに大きな欠陥を抱えてしまうことになってしまうことです。

中国共産党は国民に対して70数年間、「台湾はわれわれの領土、中国の一部」だと主張してきた。にもかかわらず、台湾はますます離れていく。自分たちの領土といっても、一向に取り戻すことができない。これでは中国共産党の正当性が成り立たず、彼らは大いに焦っているのです。

しかも、誰から見ても台湾と中国の乖《かい》

離《り》は勢いづく。とりわけ香港情勢がますます中国を不利な立場に追いやる。

中国側の台湾戦略を一言であらわすならば、「熟柿戦略」でした。ようするに台湾を焦って取る必要はない。台湾は熟せば落ちてくる。熟すということは、台湾の中国経済に対する依存度を徐々に高めていき、中国に依存せざるを得ない状況にし、台湾の人々の心を自然に中国に取り込むことを意味します。

しかしながら、今年の台湾総統選を見ても熟柿どころではありませんよね。このままではアメリカ側に落ちる熟柿になってしまうでしょう。それでは台湾は永遠に取れなくなります。それでは台湾に対して軍事行動に訴えることができるのか。そこまでやれば、習近平にとっては香港問題以上の賭けになる。

軍拡も経済に裏打ちされている中国のジレンマ

田村　習近平政権にしてみれば、香港の逃亡犯条例の件も逆効果だったし、今回の香港に対する国家安全法の適用もこれも逆効果になりつつある。台湾も然りで、すべて裏目に出ています。だったらこの場合、石平さんが言われるように、習近平は逆に彼をして余計に強硬手段を取るほうに傾斜しかねない。ここがひどく気懸かりですね。彼は譲歩しそうもないですから。

石平　譲歩などしない。習近平は二つのタイムリミットを抱えています。一つは、2021年の中国共産党結党100周年。もう一つは、2049年の中華人民共和国建国100周年です。

習近平が2049年まで現役を続けるのは年齢的には不可能です。だとすれば、本来ならば、2021年の共産党結党100周年を祝して、台湾をなんとかしたいはずなのです。だから、2019年の元旦早々、一国二制度で台湾を統一すると演説した。しかし、台湾側に「受け入れられない」ときっぱり拒否されて、その後も蔡英文総統に何度も拒否されてきた。

それで今年の全人代の李克強《りこっきょう》首相の政府報告から「一国二制度による台湾統一」と「平和統一」の文言が削除された。

そこは肝心なところで、場合によっては中国は、アメリカからのペナルティを承知の上で、香港に国家安全法を適用、本土並みの言論統制を行ってしまう。それをやってしまえば、香港は国際金融センターとしての資金調達や外資の窓口としての役割を果たせなくなると同時に、人民元とドルの裏付けもますます怪しいものとなります。これだけで中国経済は完全に崩れてしまうでしょう。

グラフ5：中国の軍事支出と人民元発行残高の推移（億ドル）

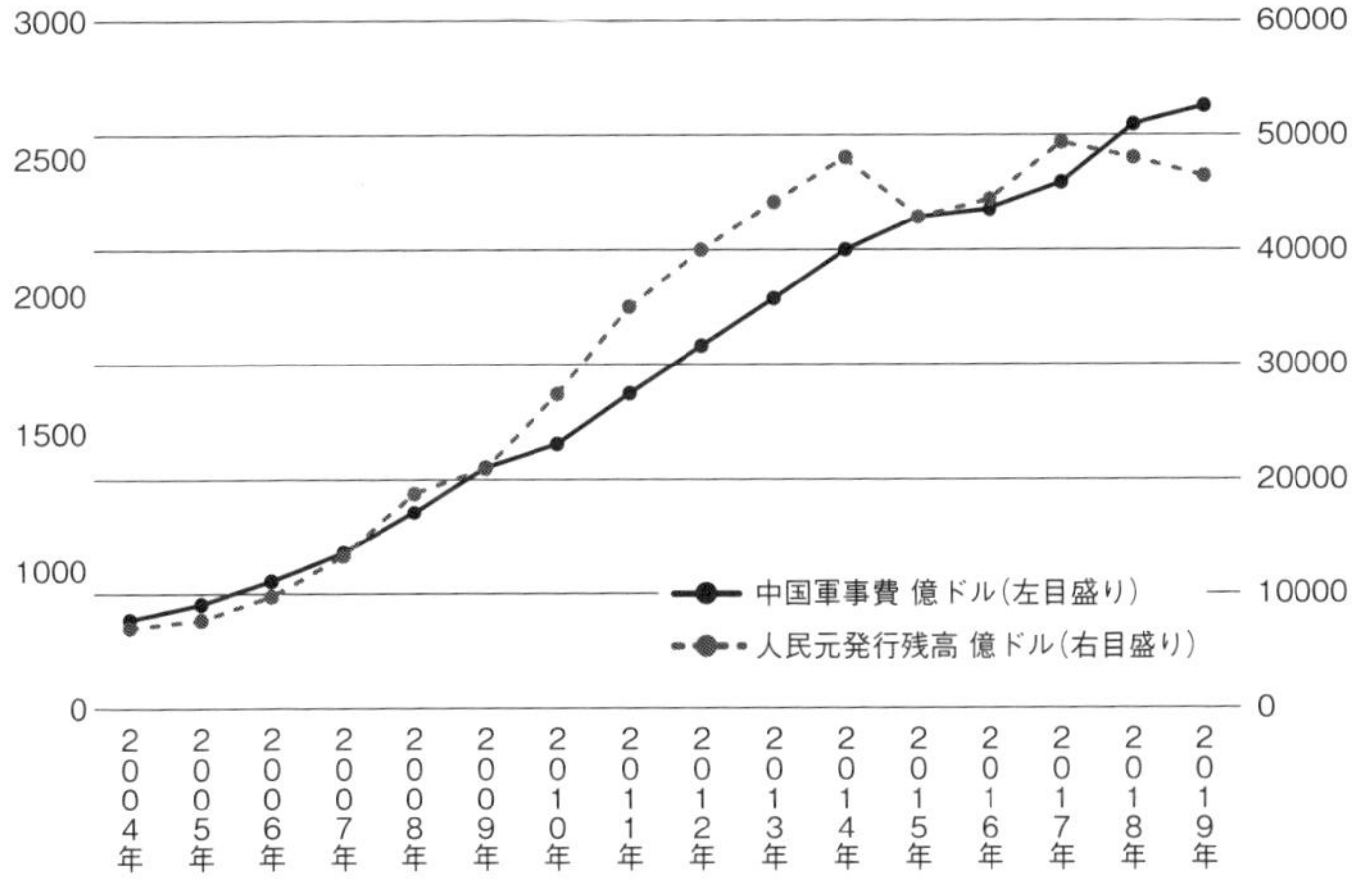

データ：ストックホルム国際平和研究所、CEIC

田村　中国の軍拡自身、私がずっとデータを照合して、統計学的に見てきたところによると、中国の経済成長率と通貨の発行量と軍拡の三つのトレンドが一致するのです。数字が見事に連動している。だから、源泉はやっぱり経済にあるわけです。経済といっても、ドルが実際に中国に入ってくることが前提になっているのだから、それが適わなくなると、経済すべてにわたって崩れる可能性がある。

石平　ここには習近平が抱えているジレンマがあります。中国の軍事戦略、国際戦略、台湾併合、南シナ海の覇権の樹立、あるいは彼が考えている中華民族の偉大なる復興、世界の制覇、アジアをも再び仕切るなどの膨大な目標をかなえるためには当然ながら、それに足る軍事力、経済力が不可欠です。

けれども、習近平や取り巻きが認識しているかどうかは別に、そうした経済力の源泉はドルです。しかし、彼らが考える戦略はすべてアメリカを敵対視するものばかりです。アメリカを敵対視しないと、この戦略は完成しない。むしろアメリカに一番嫌がられることをやらざるを得ない。しかも、アメリカの嫌がることを行うその力の源泉がアメリカのドルでしょう。そこは深いジレンマを抱えているのです。

国際通貨になるには20年早かった人民元

田村　だから、中国がアメリカに突っ張るのは50年、100年も早かった。人民元がドルに準じるような通貨になって、国際通貨としての地位を確立していなければ達成できない目標なのですよ。先刻、石平さんが述べた中国の目標はね。

石平　では、田村さんから見れば、もし米中貿易戦争がなかったら、たとえばトランプ政権以前に戻すなら……。

田村　トランプ政権の前の路線だったら、今の習近平はものすごくハッピーですよ。

石平　あるいはもしあの時点に戻したら、人民元が自然にドルに取って変わるのにどのくらい時間がかかりますか？

田村　それでもね、やっぱり対米貿易黒字が必要でしょうね。

石平　それは絶対必要。

田村　人民元を誰が受け取りますか？　インバウンド隆盛のとき、日本の銀座や新宿あたりで中国人観光客は人民元、あるいは銀聯というデビットカードで買い物をしていましたよね。あるいはスマホでパッと本国の銀行口座で決済していた。人民元を使わなくても、デジタル決済で、お店には日本円が入るようになっていました。

国際的な金融や通貨はそういうレベルの話とは違うのです。膨大な資本の移動、あるいは貿易の決済などは大変な額ですからね。こういった場面では、誰も人民元などで決済をしたくないし、また恐ろしくてできません。だから、人民元はまだまだ国際通貨とはいえない。早すぎるのだと思います。

２０１６年に、ＩＭＦ（国際通貨基金）がＳＤＲ（特別引出権）の構成通貨に中国の人民元を採用したのですね。いわばバスケット通貨のＳＤＲはそれまで世界の主要通貨であるドルを筆頭に、ユーロ、日本円、イギリスのポンドの４大通貨で構成されていたのですが、人民元を無理矢理に習近平政権が押し込んだわけです。

するとＳＤＲの構成シェアがドル、ユーロ、人民元、円、ポンドの順になり、人民元が

3番目の地位を得て、中国は鼻高々の様子でしたね。

IMFとしては、中国も大国になってきたから要望を受けいれてやろうとSDRに組み入れた代わりに、中国に対して金融・通貨を自由化する改革を促した。ところが、それを中国側がまったく守らない。

他方、各国がSDR通貨を調達すると、通常は中央銀行の資産の部に人民元をカウントして、そのなかに入れます。ところが、ほとんどの国が人民元を自国の準備通貨にしようとはしない。つまり、それほどまでに人民元は信用されてないわけです、人民元が国際通貨としてドルに並ぶだなんてとんでもない話ですよ。せめて日本円を凌《しの》ぐくらいにはならなければいけないのに、国際的な資金取引のシェアでは、日本円のほうがはるかに上を行っています。

ですから、人民元なんて全然前進していないに等しい。国際通貨化など時期尚早もいいところで、いくらなんでもあと10年、いや20年はかかるでしょう。

石平　中国全体の戦略からすると、たとえば20年待ってもいいけれど、問題はおそらく習近平という指導者がそこまで待ちたくはないということだ。

田村　待てないのでしょうね。

石平　なぜなら、20年後では自分の業績にはならないからです。習近平はやっぱり、自分は毛沢東を超えるような、偉大なる指導者になりたくて仕方がない。そこですよ。
　彼のロジックは、毛沢東は今の中国をつくった。鄧小平は改革開放で国を富ませて、国力を巨大なものにした。そうなると習近平は、江沢民や胡錦濤と同じ仕事をやりたくない。無為にこれまでのものを守って10年間過ごして、自分はそれで終わりはご免だと考えている。

田村　江沢民から胡錦濤に至るまでは韜光養晦《とうこうようかい》、能ある鷹《たか》は爪を隠すという鄧小平の教えを守ってきたわけですよね。

石平　ええ。最後に忠実に鄧小平の教えを守ったのが胡錦濤でした。彼は二つの教えを守った。一つは、鄧小平が決めた最高指導者の定年制でした。定期定年。10年やったら定年にする。彼は見事に守った。もう一つは、今、田村さんが言われた韜光養晦。アメリカを絶対に敵視しないことでした。

田村　あと10年待てば、中国は今のような厳しい状況にはならなかったでしょうね。

石平　（笑）しかし、われわれにとっては幸いですよ。

田村　たしかに幸いだ（笑）。

石平　習近平ではなくて、また胡錦濤のようなソフトなインテリのような顔をしている人がトップに就いたら……。

田村　一番タチが悪いからね。

石平　また10年間、われわれの国際社会を騙《だま》しとおしますよ。

田村　そっちのほうが腹黒い。だから、習近平のほうがむしろ正直で良いかも。

石平　いいや（爆笑）。まあ、だから馬鹿にも馬鹿の役割があるよ。

第３章
２億人の失業者が生まれるいびつな独裁国家

ＧＤＰに占める個人消費率の異常な低さが生んだ大量失業

石平　田村さんもご存知だろうと思いますが、中国の中泰証券研究所のマクロ経済研究チームが４月に出した報告書によると、新型コロナウイルスが発生してから、４月の時点で中国の新しく増えた失業者が７７００万人もいるそうです。

それで、中国政府が公表した４月の失業率は５・７％ですが、同報告書によると実際には20・５％に急上昇しています。

さらに「中国首席経済学者フォーラム」メンバーの劉陳傑《りゅうちんけつ》氏が４月発表の論文で、一つ驚くべき数字を披露した。曰く、新型コロナウイルスの影響で中国全国の失業者数は2・05億人に上るというのです。

ご存知のように中国の労働人口は約8億人ですから、2億人が失業すると、4人に1人が失業者ということになります。

田村さんのまなざしからは、中国の雇用を今まで支えてきた要素がもし崩れるなら、どういう要素でしょうか?

田村　やはり今回のコロナ禍で4人のうち1人までが失業だということは、中国経済の本当の弱点を突いているわけですね。先に言われたように、中国の場合にはGDPに占める家計消費、個人消費の比率は4割弱しかないでしょう。日本が6割。アメリカが7割、ヨーロッパがだいたい6割から7割ですからね。ですから、6割以上が水準といえます。中国は4割と異常に低い。異常に低いというのは、それだけ固定資産投資と輸出に依存しているという証拠でしょう。しかし、多くの雇用を吸収するのは、要するに内需なのですね。そして内需の主力が家計消費です。

だから小さな零細企業や飲食サービスなどに雇用が支えられるわけです。中国の場合にはそちらの層が比較的薄いのですね。薄いうえにコロナで人が動かない、消費がなかなか回復しないと。

固定資産投資も回復しないというのですから、つまり、失業を吸収するところが見当たらないということになります。だから、本日の対談の冒頭で言及したとおり、コロナで経済が一気に冷え込んだのが７割程度までなんとか回復したけれど、これが１００％にまで回復するのは相当難しいということです。

石平　なるほど。

田村　いったん７割ぐらいまで落ち込んだということであれば、これはそう簡単に元に戻るわけではない。だから、４人のうち１人が失業するという流れはよくわかりますね。

これを１００％に回復するためにはどうすればいいか。外需は期待できない。固定資産投資をやろうにも、お金については実のところ、ドルが入らないと金融も拡大できない。したがって、財政の拡大もできない。

ということであれば、もうこれは内需でお金を回していくしかありません。つまり、家計消費の比率がしっかりしていなければいけない。ところが、こちらの部分も傷んでしまっているわけでしょう。そうなると、手の施しようがない。出口がないというかね……。

世界の歴史上で類を見ない中国の投資主導型経済

石平　それでは最後の頼みの綱が消費であっても、失業が急拡大している中国においては消費が増えるわけがないでしょう。

田村　お互い悪循環で、連鎖反応が起きますよね。

石平　たとえば日本の1960年代、70年代の高度成長期では生産拡大と消費拡大の好循環だったと聞いていますが、中国はずっと個人消費の伸び悩みというネックを抱えたまま、高度成長を達成してきたことになる。

田村　そう。固定資産投資と輸出でね。

石平　経済成長とともに個人消費のシェアが悪化してきて、今では37%から38%というのは異常でしょう（笑）。

田村　その一方で、それよりも固定資産投資の比率が4割から5割もある。ピーク時ではなんと7割もあった。異常というのであれば、こちらのほうが異常だと思います。

日本の高度成長期でも、とてもそんなに高くはなかった。中国以外のアジアの新興国もしかりです。固定資産投資のＧＤＰ比率が４割超というのは、どの国の高度成長期でも経験していません。中国だけの現象なのです。それだけ中国の投資主導型経済は突出しているのです。これは異常です。

だから今回、これがだいたい２割ぐらいに落ち込むのは、正常な姿なのだと思います。ただし、その固定資産投資を支えるのが何かというと、やはり輸出で稼ぐ外貨と、外資が来て落とす外貨のおかげなのですね。

石平　その裏付けがなくなっている。そうすると、新型コロナウイルスに襲われなくても、中国の成長モデルが続かなくなる日は近づいてきていたのですね。

田村　いずれそうなるというか、じわじわと来ていた。それが一挙にコロナで現出してしまった。

石平　もし米中貿易戦争とコロナがなかったら、もう少し維持できたかもしれない。

田村　米中貿易戦争でも、いちおうトランプ政権とは2年で対米貿易黒字を２０００億ドル削減する、つまり黒字を半分にするということで手打ちをした。だから時間的な猶予はある程度はあったのです。けれども、コロナが一瞬で台無しにしてしまった。

石平　コロナは容赦しない。

田村　アジャストできないからね。経済とは不思議なもので、いったん人間の行動がボンと萎縮《いしゅく》させられてしまうと、人間心理としてはすぐには元に戻れない。

石平　そう、戻らない。

田村　だからリカバリーするまで、1年どころか、数年もかかるかもしれない。

石平　将来どうなるかわからない。これを経験して、やっぱりみんな貯金しなければならないと考える。でも、みんなが貯金すれば、消費が落ちる。消費が落ちると企業の業績がますます悪くなる。

田村　企業にしても投資に慎重に、雇用に慎重になるはずで、それがみんな連鎖していくわけですからね。

人民元のルーツを探る

石平　問題はこんなときに、習近平が香港に手出ししていることです。馬鹿ですよ。

香港国家安全法のことを中国が政治的に正当化するのは別として、彼が香港でやっていることの愚かさを中国国民はみんな見ていますからね。いや、習近平という人物はある意味では本当に面白い。

田村　逃亡犯条例に関しても、引っ込めざるを得なくなって、懲りたはずなのに。

石平　そう、懲りていない。ますますやりたくなっているのだと思います。習近平の胸の内はおそらく「偉大なる指導者が逆境のなかですべてを挽回する」というシナリオなのでしょうね。

ここまでの田村さんとの対談のなかで明確になったのが、中国の軍事戦略にしても、台湾統一にしても、「民族の偉大なる復興」も何もかも、最後は経済の土台の上に成り立っている。しかしながら、現実には中国の経済の土台は、ドルの上に成り立っている。これですね。

田村 その現実を無視したのが習近平国家主席。

石平 無視したというより、彼はこの現実を理解してないと思う（笑）。彼の部下たちが「閣下、わが国の経済はドルの上に成り立っているのです」と諫言《かんげん》すると、「バカヤロー、わしらがいつドルを使っているんだ？」と怒るに決まっています（笑）。

田村 中国の一般市民はわかっていますよ。だって、みんなドルを持ちたがるもの。

石平 ああ、本能的にわかっている。しかし、中国は最後には外貨準備高を守るために、国民にドルの交換をさせない。

田村 今は個人一人当たり、年間５万ドルまでしか許されない。

石平 今、大変重要なことがわかりました。中国人民がそれでもかろうじて人民元を貯金しているのは、貯金をドルに交換できるからだ。

田村　それとドルとの〝レート〟が保証されているでしょう。安定している。ところが、これから人民銀行が通貨をどんどん乱発するようなことになると、今度は勢い人民元の相場がどんどん下がっていく圧力がかかる。マーケットからね。

それで人民銀行としては、切り下げていかざるを得ない。そうすると余計に中国から資本が逃げてしまう。すると余計に人民元安に拍車がかかってしまう。それで悪性インフレの泥沼に踏み込んで、かつての蒋介石《しょうかいせき》の国民党政権の最後みたいになってしまう。

石平　１９４６年から48年のあの段階ですか？

田村　そうです。蒋介石政権は自滅した。財政を任されていた宋子文《そうしぶん》たちが腐敗にまみれて、通貨を乱発、悪性インフレを起こしたのです。そこで延安《えんあん》にいた毛沢東が息を吹き返した。国民党に対し、大衆がどんどん不満を持つようになった。

しかも、そのときにきちんと教育を受けた優秀な銀行家や企業家やインテリが、ことごとく蒋介石政権に見切りをつけて、共産党に鞍替えして解放区に避難をしたのです。ここがミソなのだけれど、その共産党に移った人たちが、今の人民元の通貨制度を設計したのです。

だから、もともと人民元は〝規律〟が正しいのです。財政も金融も非常に規律正しいことを考えていました。まともな中国人が設計したのです。

石平　たしかに、中国共産党が政権を奪取したあとで、共産党政権が安定しだしたのは、インフレが一気におさまったからでした。

田村　その当時の歴史的文献を私はことごとく読みあさったので、ご説明しましょう。

日本軍が撤退して国共内戦になったとき、毛沢東の共産党軍がそれぞれの解放区に発券銀行を持っていたのです。そこの専門家たちが、国民党政権が発行している通貨、これもやはり「元」というのですが、解放区の通貨と国民党の元と一定比率で交換していた。「はい、皆さん。これで安心しなさい。われわれの発行する通貨は価値が安定していますよ」というわけです。こうした真摯《しんし》な対応に、民衆が従ってきた。

ところが、国民党の蔣介石側の通貨は悪性インフレで、通貨価値が毎日どんどん下がっていったことから、民衆が見切りをつけたわけです。だからますます、毛沢東というか共産党側に民衆の気持ちが寄り添っていきました。だから共産党は難なく陣地を拡大していき、最終的に蔣介石を追い出したのですね。つまり、通貨統一を共産党が見事にやり遂げた。

中国共産党にはそうした通貨対策に関しては無頓着《むとんちゃく》かと思いきや、とんでもない。あのときの毛沢東軍とは中国の人たちにとってみれば、共産主義そのものでなくて、みんなの寄り集まりだった。だから毛沢東の仲間にしても、大躍進までは資本主義を目指す実務派、自由主義者もけっこう混じっていました。

中国の生きる唯一の道はアメリカとの手打ちしかない

石平　彼らがしたたかというか、上手なのは、政権を取る前に全国民に対して「共産主義」とは絶対に言わなかったことです。つまり、本性を隠したわけです。それで政権を取った。それからもう70数年が経った。今の中国の経済状況がそうなった以上、もし習近平が田村さんに頭を下げて、「最後、一つわれわれの経済を救う手を」と教えを乞うてきたら、策は何を授けますか？

田村　習近平さん、まずあなたが辞めることだ。

石平　それは聞かない（笑）。経済政策です。何か一つ決定的な経済改革……今の窮地から脱出できる。

田村　それはトランプときちんと話をつけるほかありません。「わかった。われわれはアメリカのドルと安定した関係が必要だから、すべてこれから平和的手段でアメリカと何でも話し合って決めましょう。香港と台湾に対することについても、われわれは国際的取り決めに則った正しい行動をする」

アメリカと和解するしかないでしょう。言葉を換えるならば、アメリカに屈服するしかないのです。これが一番現実的な解決法だと思います。

石平 それははっきり言って不可能です。

田村 不可能か（笑）。

石平 絶対にそうしない。幸か不幸か、案外、習近平の国内の政治基盤はかなり堅固なのです。

というのは、中央の要職を務める人物をほとんど押さえているからです。かつて、趙紫陽《ちょうしよう》とか胡耀邦《こようほう》の時代には長老がいました。今は長老といっても、江沢民くらいで、もういつ死ぬかわからない。胡錦濤はああいう性格の人間ですから、引退したら全部放り出した。

ですから、有力な長老はいない。中央指導部が軍を押さえているから、党内には彼に逆らう人間がいない。危険といえば危険なのですが、今の体制は一人の人間が中央さえ押さえれば、下はどうにもならないというものです。

田村 みんな紅二代という人たちですか？

石平 なかには習近平の反対派もいるけれど、今は反抗するのは諦《あきら》めています。習近平がどんどん失敗していくことを心のなかで笑っているだけです。

田村 はっきり言えば、ライバルがいないということですか？

石平　ライバルはいない。今回は、本来ならばコロナウイルスの件で、最初の段階の2月、3月の頃、共産党のなかで習近平を引き摺《ず》り下ろそうとする動きがあったのです。やはり、彼の指示で情報が隠蔽《いんぺい》され、ひどいことになったから。民間においても、彼に対する批判も高まりました。けれども、習近平には悪運がある。

どこで悪運に救われたかというと、アメリカ、ヨーロッパが新型コロナウイルスで大変深刻な状況になったからです。そうなると中国にすれば、習近平はよくやった、になる（笑）。中国政府が公表した死亡者数はたったの４６００人強。対するアメリカは10万人を超えた。だから中国はもう習近平万々歳になってしまったのです。

それで彼は救われて、政治基盤がむしろ強化された。強化されたからこそ、なりふり構わず、香港であのいったことをやりだした。

だから彼は、アメリカに対しても絶対に知性と理性に立った政策を進めることなどない。彼が今のような姿勢を崩さなければ、米中対立がますます深まることは不可避です。

香港もああいう強硬路線でやっていくと、まさに田村さんが予測されたとおりのシナリオになる。そうした前提では、もはや中国経済を救う良策はありません。

田村　そうですね。

イリュージョンでしかない毛沢東時代の復活を望む声

石平　ならば、アメリカが中国を切り捨てるのを逆手にとって、中国のほうがすべてを切り捨てる。知ってのとおり、毛沢東時代にはアメリカのドルと何の関係もなかったわけです。あの頃まだ14億人もいなくて、８億人程度でした。あの頃の中国は鎖国のなかで、８億人がちゃんと生きていました。

田村　なるほどね。みんな等しく貧しかった。

石平　そういう議論もあるのです。ようするに、再び一気に国有企業を中心とした統制経済へと向かう。実は習近平政権が誕生してから、この方向へひた走っている。習近平は国有企業の重要性を殊更に強調してきました。

それで中国の一部の政権に近い専門家、あるいはアメリカ在住の中国人経済学者が、「やはり中国においては、私有経済よりもマルクス的な公有経済を中心にしなければならない」と発言している。ようするに、彼らが考えているのは、毛沢東時代に戻ることなのですね。市場経済と決別し、国有経済を中心にして、もう一回経済を統制した上で、生き残りを図る。そういう可能性について田村さんどう思われますか？

田村　とんでもない誤解をしていますね。巨大な資本を必要として、しかもグローバリズムで、中国企業こそ世界中でやりたい放題やっているでしょう。アリババやテンセントなどの巨大企業はとにかくグローバル化して、アメリカやヨーロッパのどこにでも巨大な資本を調達しています。ここまで影響力や図体が大きくなった、というのはもう毛沢東時代にはまったくなかったことです。

しかも、儲けなければいけない。中国の人たちは、儲けることにかけては日本人なんかよりはるかに優れているところがあるぐらい、そういう意味での強欲資本主義に非常に向いているところがある。

そんななかで公有制にしたって、言葉自身は公有制ではみんなのためにみんなでやりますと、これは美しい言葉になるかもしれない。ところが実態を言えば、これは一握りの共産党の権力者、既得権益者が巨大なる資本の利益を独占するという話になるのです。こういうことをやれば、その企業が永続的に発展するはずがない。党の裁量次第でいつ党官僚やその一族に接収されるかもしれない。ならば、アリババ創業者のジャック・マー氏のように巨額の資産をアメリカなど海外に移して、あとは一部の資産を中国国内の教育機関などに寄付して文句をつけられないようにし、身の安全を図るのがいい。

もう一つ言えば、公有制などにすると権力闘争がどんどん進み、その結果、まともな経営判断ができるはずはなく、結局、こういう企業は衰退していくでしょうね。

だから資本主義のダイナミズムの良さは、あくまでも私有にあるわけです。公有だから安定する、良くなるというのは、ほんの一部の業種しかそういうことは見込めない。ということは、西側の資本主義の歴史ではっきりしているのです。

あえて毛沢東時代の幻想に浸るのは、これは行き詰まった挙句に共産党という政権の生き残りを図る最後の望みみたいなものですけれど、これはあくまでもイリュージョンですよ。そこはだから、面白いなと思う。そこまで本気で信じ込んで、そこまでやるというのであれば、これは本当に末期症状です。

ですからアリババのジャック・マーなどはそれがとっくにわかっているから、早々と引退したわけです。巻き込まれたくない、そんなのには。どうぞどうぞ、私は下がりますってね（笑）。

中国で本物の資本主義が生まれなかった理由

石平　ある意味では、鄧小平が中国人の強欲資本主義の本質を一番よく理解しているのだと思います。それをむしろ、引き出すことができたのが鄧小平だった。

田村　強欲だからこそ発展する。けれども、強欲だからこそ、きちんとした民主主義的なガバナンスを敷かなければいけない。民主主義的なシステムのもとに、特定の層のための企業であってはならないわけです。

あくまでも全体的な民主主義の枠組みのなかで、透明さと自由さを担保し、特定の一握りの者が利益を独占してはいけない。権力をほしいままにしてはいけない。これが近代資本主義の歴史なのですね。だから、中国はまったくそのところが〝欠落〟しているわけです。

石平　鄧小平の改革開放政策の成功にしても、展開にしても同じような発想があります。鄧小平の考え方の最大の特徴は、社会主義を維持しながら市場経済を導入するという矛盾を〝無視〟したことです。それはすなわち、鄧小平が導入した「社会主義市場経済」です。鄧小平は、一党独裁の政治体制のなかに資本主義の発展の天地を与えた。これは今まで約40年間、強欲的資本主義と共産党とが折り合いをつけて経過してきたわけです。

資本家たちは共産党に反抗しない。共産党の統治を容認する。その代わり、自分たちの富をつかむことを許してくれれば、あるいは贅沢三昧《ぜいたくざんまい》を許してくれれば、資本家たちは共産党に歯向かわない。

しかし、あくまでもそれには経済自体が成長するという前提があった。いったん経済成長が止まれば、この前提が崩れる。成長が止まれば、共産党は政権を守る財源を守らなければならない。公務員を養うお金をまず確保しなければならない。いわゆる治安維持費を確保しなければならない。国防費も確保しなければならない。

だから、５月の全人代において、李克強首相の政府報告のなかで経済成長率の目標数字は出さなかったけれど、軍事費の目標はきちんと出した。これは何を意味するのか。

経済成長が止まったなか、共産党の基本的考え方は、最後は金持ちから取るわけですね。特にこれから中国の地方財政も中央財政もかなり厳しくなります。これまで各地方政府がやっていたのが土地財政というもので、土地の権利をデベロッパーに売って、その譲渡金で地方財政を支えてきたのが、そのパターンが崩れて、財政難に陥っています。そうなると、共産党は本能を剝《む》き出しにして、ありとあらゆる方法で金持ちから富を奪うことになります。

これは中国の歴史と伝統です。明《みん》朝も清《しん》王朝も、資本主義が発展する時期があるのですが、最後は全部政治権力に潰されています。

潰す理由は簡単な話です。国家財政が苦しくなると、金持ちを冤罪《えんざい》で捕まえ殺して、財産を没収するのです。すると国家の金庫が一気に豊かになり、それから国家財政は５年ぐらいは持ちこたえられる。また足りなくなれば、また他の金持ちを狙い撃ちすればいいのです（笑）。中国で本物の資本主義が生まれなかった理由もここにあります。

田村　ドイツの社会学者マックス・ウェーバーがその昔、中国では資本主義が育たないと喝破していたとおりですね。市民社会倫理が欠落しているからなのです。

「公」という字がありますね。ムは私という意味ですが、上にかぶさるハサミが私を刈り取る。公権力は私を搾取する存在、というのが歴代王朝の統治でした。ご存知のように毛沢東は党幹部に対して「人民のために奉仕せよ」と言い、このスローガンは党首脳陣の住居とオフィスが集中する北京の中南海の門に掲げています。現実はというと、党幹部につながる特権層が市場経済で荒稼ぎし、不正蓄財に励んでいますね。ウェーバーが警告した状況が共産党支配のもとで改善しないどころか、ますます権力者の私益優先社会になっている。

習近平と薄熙来は同じ人種

石平　場合によっては、今の中国共産党も今後、同じことをするでしょう。金持ちをやっつけることで、一つは国家財政を豊かにできる。もう一つは、金持ちをやっつけたことで庶民に多少分配すれば、政権の支持基盤の強化になります。

実際にこれを現共産党政権下で実験し、成功を収めた人間がいるのです。以前重慶《じゅうけい》市の共産党書記をしていた薄熙来《はくきらい》です。まずは重慶の黒社会、ヤクザをやっつけた。ヤクザが最初だったけれど、最後には経営者をやっつけた。だいたい中国の地方都市の経営者なら多かれ少なかれヤクザと関係しなければ、安心してビジネスができません。薄熙来はそれを一つひとつ辿《たど》って、経営者すべてを捕えて、財産を没収した。それを庶民の福祉に分配したため、薄熙来の人気が重慶で高まったというわけです。

実は薄熙来が重慶でこれを展開している最中、国家副主席時代の習近平が重慶を視察した。国家主席だった胡錦濤は一度も重慶を訪れなかった。薄熙来の手口を知っていた胡錦濤は、評価を避けたのです。

ところが、重慶に来た習近平は薄熙来を賞賛したのですね。そのあとで薄熙来は失脚するのですが、この二人は同じ紅二代で、政治的ライバルでした。

実は習近平も薄熙来も同じ人種ですよ。太子党、ようするに共産党の高級幹部の子弟で、50年代の毛沢東指揮の時代に彼らは大きくなったのです。

習近平は場合によっては、薄熙来が行った路線を今後やるのでしょうね。理由は腐敗でも黒社会との交際でも何でもいいから、目ぼしい金持ちの資産をすべて巻き上げることで、中国経済はある程度救われる。

田村　いや、それよりもお聞きしたいのは、目ぼしい金持ちから巻き上げる資産、あるいは富とは何でしょうか？　今の中国の富とはいったい何ですか。

石平　ああ、そこは問題ですね。

田村　要するに、人民元で表される資産ですよね。では、その人民元の値打ちがなくなれば、全部おしまいになります。

石平　なるほど。

田村　だから、これほど大事なことはないのです。

石平　そうなると結論としては、習近平はアメリカに頭を下げて命乞いをする以外にない。

田村　それしかない。

石平　しかし、彼は絶対にそうしない。

田村　しかし、それしかないのですよ。

第4章

これまで日本経済が低迷してきた根本問題

コロナ恐慌と1930年代大恐慌の共通点

石平　それで次は世界経済の展望へとテーマを移しましょう。

アメリカ経済はトランプ政権になってからどうやら順調に進み、雇用状況にしても、株式市場にしても史上最高値を叩き出すなど絶好調でした。アメリカの景気拡大は10年8カ月と最長記録を更新したのですが、新型コロナウイルスのパンデミックという災厄に襲われ、突然終わりを迎えました。

しかし、まさかアメリカがあれほど深刻な状況になるとは、私自身は全然理解できていないというか、いまだに腑《ふ》に落ちません。

まず田村さんに、なぜアメリカ経済が新型コロナウイルスであれほど落ち込んだのか解説していただけますか。

田村　それは非常にシンプルな理由です。それだけ人が動けなくなった。だから消費も生産も止まってしまった。しかも回復の道筋が見えない。なにしろ前例がないですからね。

コロナの感染のスピードと広がり、さらに言えば死人の数が、あそこまでいくとは思わなかった。問題はトランプ大統領が「これで終わりだ」と言っているけれど、本当の終息宣言は当面できないでしょう。

仮にピークアウトして、死人や感染者の数が減ってきても、必ず2次感染や3次感染があるという不安が先行しています。特効薬はないし、下手をしたらワクチン開発は2、3年かかるというわけですからね。

もう一つ言うと、新型コロナウイルスそのものがどんどん変化していく。だから特効薬やワクチンの開発が追いつけないという可能性もある。経済というのはご存知のように、〝先行き〟でみんな動くわけですよ。

われわれ自身がそうだし、企業に至っては先を見越した上で投資をしたり、雇用をするし、経営プランを考えていく。この見通しが立たないとなると、安全策をとるなら新しいことはやりません。また、雇用は減らす方向にいく。この状況はある意味、資本主義の弱さとも言える。

中国の場合は、とにかく強引に「収束した。大丈夫だ。どんどんやれ」と言っても、これはグローバルな経済のなかでの話だから、中国だけが突出してやっても長続きはしないし、むしろ中国経済の崩壊につながりかねない。不良債権の山をつくりかねない話です。だからこの1、2年は少なくとも経済規模が拡大していくことはあり得ない。だからマイナス成長は今年ばかりでなく来年も続くだろうという予想になりますよね。

日本においては人々が一般的レベルで考えても、10万円一律給付されても、「無駄遣いはやめよう、銀行においておくしかない、子供の教育のためにとっておこう」となるわけです。そうなると、経済が浮揚するというのは難しい。

一番なにより必要なのは、「コロナは完全に制圧した、もう大丈夫」といって、マスクをとってみんなが歩けるようになる日が早くこないといけない。ここが大事なのですよね。そこがなかなかみんな我慢できない。ヨーロッパ人も、アメリカ人も、日本人も、韓国人も中国人もそうでしょう？　でも2次感染、3次感染という不安が常につきまとうわけで、話が堂々巡りで、なかなか明るい展望が出てこない。

石平　世界史から参考になることはありませんか？

田村　こういう恐慌の状態というのは、世界近代史のなかではおそらく前例はありません。スペイン風邪とかいっても、本来はアメリカから始まったアメリカ風邪なのだけど、あれは第一次大戦で一気に広まり、「スペイン風邪」にされてしまった。あとは第一次大戦が終わったら、欧州ではロシアの共産主義革命、ドイツ帝国の崩壊という大混乱が起き、日本とアメリカでは戦争景気が一挙にしぼんだ。

だからあの時代の局面と、今のコロナ恐慌はかなり異なります。ただし、ある意味で似ているといえば、経済を支える人が動けなくなったといえば、たとえば１９３０年代のアメリカを中心とする大恐慌ですね。

あのときは、ニューヨーク株価の大暴落が引き金になっていますけれど、ようするに金が動かなくなって、その結果、人の動きや物の動き、投資の動きが止まってしまったわけです。だから、その止まったというところ、経済に効果のある人の動きや物、金の動きが止まるという意味では、コロナ恐慌と共通したところがあります。

あの大恐慌の時代は、デフレ恐慌でした。物に対する需要が萎縮していくので、価格も下がる。それ以上に賃金も下がっていき、投資も萎縮して、停滞が長引いたの。だからアメリカはルーズベルト政権でニューディール政策を打った。ようするに財政出動をどんどんやった。そうすると財政が非常に負担になってくるので、少しでも景気が良くなるとすぐに引き締めにかかった。すると再び元のデフレに戻ってしまう（笑）。

こういうパターンを延々とやってきたというのが、大恐慌時代の教訓ですね。結局、解決策は何だったかというと、世界大戦でした。

石平　今回も危ない！

田村　これが大恐慌時代の一番の教訓ですよ。

格差の急速な拡大を促したリーマン・ショックとも似ている

田村　あの当時は、結局は保護貿易なのだけれど、自国の通貨圏あるいはブロック経済圏を列強がつくってしまったわけです。それで日本などの新興国が締め出され、第二次世界大戦の大きな布石につながっていった。これは教訓になると思います。

日本の場合は高橋是清《たかはしこれきよ》財政で、一時は世界でいち早く回復したけれど、結局、軍部が中国大陸にどんどん出て行きました。軍事費の膨張に反対した高橋是清は暗殺され、それで高橋是清財政も終わってしまった。

ナチスドイツの場合は、アウトバーンに見られるように、インフラに投資して、ある意味では財政支出に成功したのです。ただ独裁者ヒットラーはそれに満足せず、どんどん膨張していくのです。

だからおそらく国内だけの経済政策だけでは限界があり、より高い成長、安定した国民生活の向上を目指すのであれば、対外的な膨張政策をとらざるを得なかった。特に後発の国、日本やドイツの場合は、独裁者の存在があったとしても、やはりそういった道に走らざるを得ないと。そういう意味では、今の中国もちょっと似ているわけですね。

もう一つ、コロナ恐慌と似ているのは、リーマン・ショックでしょうね。

リーマン・ショックは金融バブルの崩壊ですね。これは金融が動かないということです。アメリカの場合、特に住宅ローンを証券化したものが住宅バブルの崩壊で一挙に不良債権化し、紙切れになりかけました。それを中央銀行の米連邦準備制度理事会（FRB）がドルを刷って買い上げて相場を安定させた。そうすると、不動産市場が生きながらえる、金融機関が救済される。

これで、とりあえずもつわけです。しかしその間に何が起きたかというと、国内総生産（GDP）で表される、われわれが暮らす実体経済を循環するお金の流れが止まってしまったのです。困ったのは、中間層以下の層でした。この人たちはなかなか豊かになれない。

ところが、金融市場の金融資産にだけはお金がどんどん注入されていきますから、株価を中心として金融資産の価値は上がっていきました。やがて金融機関はぼろ儲けするという形ができていった。こういうことをやっていれば、格差は拡大するに決まっています。これがリーマン・ショックの教訓でしょう。

コロナ恐慌のケースは、１９３０年代の大恐慌と、リーマン・ショック後の格差の急速な拡大という、二つの側面を持っているだろうと私は思います。

石平　未来が不安定という要素がもっとも大きいのでしょう。

世界でいち早く回復軌道に乗せられる国は日本以外にはない

田村　一番大切なことは、正しい政策。特に財政政策ですね。これをどういうふうに実行していくか、これしかありません。

今、民間に我慢しろ、自粛しろ、頑張れと言っても、限界があります。消費者が外出を自粛すればＧＤＰの６割を占める家計消費が冷え込む。内需が細ると生産、雇用も設備投資も萎縮します。特に中小企業にしわ寄せされます。家計にしたって、所得が減り、雇用が減り、若い人が就職できないとなると最悪でしょう。

今の経済政策は金本位制ではないから、通貨を中央銀行の裁量で発行できます。需要が萎縮しているときには悪性インフレになりっこないわけですから、お金を刷ってもいい。

ただ刷ったお金はちゃんと実体経済の隅々まで行き渡らなければいけない。
ではそのために民間が頑張ればいいかというと、みんな今日のことを考えることで精いっぱいです。消費者である家計も企業も萎縮してしまっているのですが、民間に溜まっているお金が動かない。まとめてお金を吸い上げて、あるいはお金を発行して、その資金で経済活動を再生していくという役割は政府にしかできないのです。

石平　強権的な中国でさえそれができない。

田村　われわれの対談で解き明かしてきたように、どうやらそこには中国のドル依存という大きな矛盾が関係していそうです。中国人民銀行はドル準備が増えないと人民元を増発しにくい。ドルや金の裏付けのない人民元は中国の人々が信用しないので、紙くずになりかねません。人民元は暴落し、悪性インフレになる恐れが生じます。このことを党官僚や人民銀行の幹部はよく知っているはずです。

ドルは基軸通貨であり、世界のあらゆる資源、商品、金融資産を買えます。外準の多寡にかかわらずドルと自由に自国や共通通貨を交換できるハードカレンシーを持つ日本や欧州はそういう意味では問題がありません。日米欧の中央銀行はしたがって、カネを刷って、金融市場で国債や株式を自由に買うことができるのです。現預金でみると、日本では家計、企業合わせて1300兆円、GDPの2・4倍もあります。アメリカは同7割、欧州全体

グラフ6：日米欧の民間現預金と政府純債務のGDP比率(%)

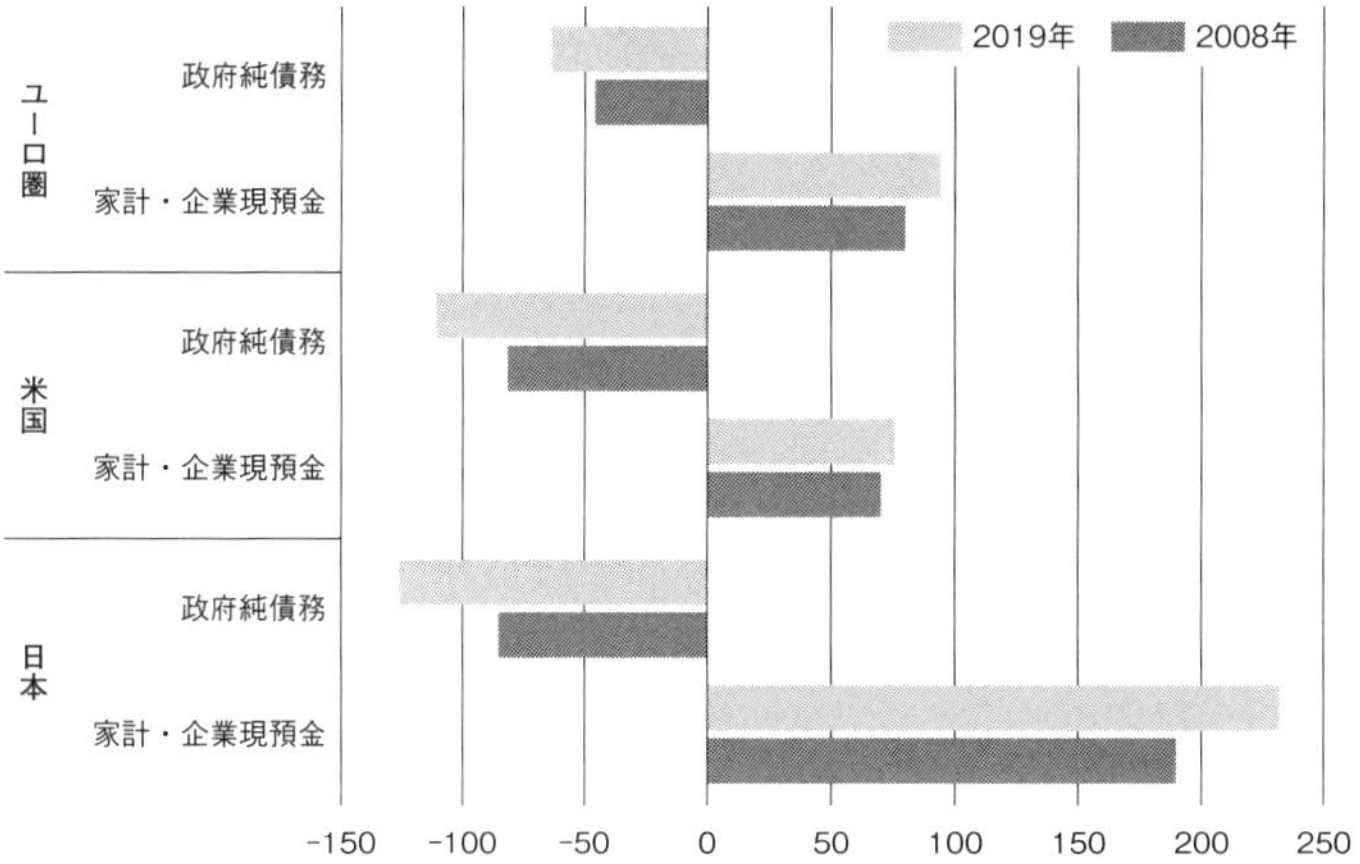

データ:CEIC
注:ユーロ圏2019年現預金は2018年データを適用

では9割程度ですから、日本は世界のどこよりも楽々と政府が国債を発行して余剰資金を吸い上げられるのです。

だから私は、コロナショックにより、中国はへたり込んでいくと見込んでいます。

アメリカは借金国で対外債務国ですから、他国からお金が入らないとアメリカはやっていけないという金融構造があるため、ある一種の不安がありますが、日本の余剰資金がそれを補う仕組みになっています。

ヨーロッパはもともとユーロ圏ですから、通貨発行権は欧州中央銀行（ECB）が握り、欧州諸国が自国の都合で通貨を刷るわけにはいきません。それにユーロ圏にはただでさえ財政が不安な国がいろいろとありますからね。ユーロの通貨不安がつきまといます。だから、加盟国が足並みをそろえられないと、思うように回復策がとれないかもしれません。

その点日本は、全部そろっています。まず日本は世界最大の金貸し国、債権国です。しかも日本国はずっと慢性デフレで、デフレは物に対する需要不足だけれど、その分お金は余っているわけです。日本のGDPの2倍以上のお金が使われずに滞留し、金利だってゼロ%以下ですから、活用しないのはもったいない話です。

経済成長に欠かせないのはお金です。そのお金が有効に使われていけば、一挙にとはいかないけれど、人々の先行き予想というか消費、あるいは生産・投資の両サイドの心理を好転させていくことと重なり、徐々に景気を回復軌道に乗せることが可能になるわけです。

石平　結局、今とてもデリケートになっている資本主義経済を最後に動かすのは、行動心理であって、一人ひとりの行動です。しかしそれが落ち込んだところで、根本的に変えるのは政策しかない？

田村　最後に頼りになるのは政府なのです。政治または政治を動かす国家財政の役割がかつてないほど重要になっています。

この23年間の日本の平均実質経済成長率はわずか0・8％でしかない

石平　別の意味では、これまでは経済がグローバル化して政府が小さくなって、グローバリズムが一つの新しい時代のキーワードとなっていた。しかしいざ今回のような危機となれば、結局は国家が、各国がそれぞれ対処していかなければならない。

田村　そうです。そもそも財政政策というのは、これはケインズも言っていますが、自国のためにあるのです。

ようするに、国際的な政策ではなく、あくまでも自国民が稼いだお金を税金または国債で吸収して、それを国内の経済にうまく回すことが、基本であるわけです。

ところが、１９９０年代のバブル崩壊後の日本で主流になっている考え方は、小さな政府で市場原理主義です。政府は借金を減らして国内のカネを余らせ、国家の枠組みを超えたグローバル市場のなかで巨大企業が低コストのカネを調達しやすいようにして、儲けさせ、収益は大株主である資産家の投資家や巨大投資ファンドに配分しろ、というものです。

石平　そうです。国家の規制を撤廃し、市場と企業の自由を拡大させ、資本の論理でうまく回す。しかしこれはある意味、神話でした。

田村　ケインズのいう財政政策は政府を膨張させるだけで、その分だけ民間に回るはずのお金が回らなくなり、無駄な公共投資や消費につながる。それは良くないから、民間企業の自由競争に任せる。いわゆる新自由主義で、企業に対する規制を撤廃し課税を減税しろとやっていたら、企業のほうは企業のほうでタックスヘイブン（租税回避）を利用し、自国に税金を納めなくなった。

石平　国籍不明なのですね。

田村　そう。だから、これはこれでもう行き詰まってしまったわけですよ。

その結果、自国の財政がひっ迫して、結局、日本が行ったのは消費税でした。つまり、細るばかりの家計から余計に税金を取ろうというのが、日本政府のやり方で、これが消費税増税の正体です。こうなるとデフレがますますひどくなって、経済が成長しない。

つまり、日本の場合は橋本龍太郎政権の消費税増税、緊縮財政が１９９７年度ですね。それ以来、現在に至るまでの平均実質経済成長率は０・８％程度でしかない。ところが、アメリカの大恐慌時代は、ある種のデフレ恐慌で、１９３０年代はじめから約10年間続きましたが、この間のアメリカの実質経済成長率は意外と高くて、２％程度もありました。それなのに日本はたったの０・８％ですよ。しかも23年間も。これほど経済低迷がひどい国は、今の日本以外、主要国でいえば他に前例がないと言っていいでしょう。

日本政府は消費税の増税と緊縮財政でデフレを容認し、日本をカネ余りにさせてきました。そしてその余ったカネをアメリカのウォール街に集中させ、収益をあげてきたのがバブル崩壊後の日本の銀行です。一方、日本企業、特に大企業も安い労働力を求め海外投資をすることにより、立ち直ってきた。ところがその土台には、国内経済がジリ貧そのものになるという犠牲があった。内需はデフレのために停滞したままですが、中国製など安い製品と競争しなければならないので、企業は人件費を切り詰めるためにパート、派遣など非正規雇用を増やし、正社員を減らす。日本の慢性デフレが始まったのは1997年4月の消費税増税がきっかけで、同年12月の全雇用に占めるパート労働比率は16%だったがデフレの進行とともに上昇を続け、昨年末は31%です。賃金上昇から物価上昇分を除いた実質賃金はパートはもちろん、正社員の平均値も下がり続けています。そんな国は主要国では日本だけです。

そこに襲ったのが、新型コロナウイルスです。これまで日本でやってきた政策の流れが基本的に誤りであったことを〝自覚〟する絶好のチャンスではないでしょうか。

国内需要には結びつかなかったアベノミクス

石平　本来、安倍政権に期待したのは、今までのそうしたデフレスパイラル、「負の連鎖」を断ち切ってくれることだったはずです。それは途中までうまくいっているように見えました。

田村　結局、アベノミクスの恩恵を受けたのは、金融市場だけで実体経済は改善されなかった。つまり、お金さえ刷ればなんとかなるという発想でしかなかった。異次元金融緩和政策、あるいは量的金融緩和政策ともいいますが、中央銀行が大量にお金を刷ることにより、たしかに金融資産、特に株価が上がった。それから日銀が大量に円を刷ると、他の国の通貨に対して、日本の円の相場が下がり気味になった、つまりそれまでは超円高だったのが円安に是正されていきました。それで輸出産業の収益力が回復していって、企業のほうは良くなった。たしかにこの二つの面で良いことはあった

しかし、株価を上げ、大企業の輸出を改善させるのが最終目的ではなく、デフレ脱却、つまりカネ余りにより下がったままの物価を適度に上げ、需要を創出するのが目的なのに、財政政策をしなかったために、刷ったカネが家計に回らなかった。国民全般、中間層以下

の国民全般にとってみれば、大したプラス効果にはならなかった。だからアベノミクスというのは、大企業の海外での収益は上がったけれど、国内向けの需要で上がったわけではなかった。国内需要は依然として停滞したままでした。

大企業は収益力を回復したことから、雇用を増やしていこうとしました。けれども、先行きに対して確たる見通しがあるわけではない。だから、当面は短期間でパートタイムや派遣として雇う道を選んだ。さらにそれでも足りないから、短期採用でいつでもクビにできる人、たとえば外国人の短期採用や60歳の定年退職後の再雇用、あるいは家庭の主婦などに来てもらって働いてもらうという方向になってしまった。結果、日本経済そのものは全体的な経済を熱くしていく流れではなく、低体温症経済になってしまいました。低体温症というのは、平熱より体温が低い慢性病で、そうなると体力も免疫力も下がり、感染症にかかれば重症化し、死亡するリスクが高いのです。それを直せないどころか、こじらせてしまったのがアベノミクスです。

ですから、私が主張しているのは、金融を拡張する金融政策をするのであれば、一緒に財政も拡張していかなければいけない。そうしないと内需はいつまでも停滞して萎縮したままで、供給能力とのギャップが開く一方であれば、いつまで経ってもデフレを克服することなどできない。

結局、コロナ恐慌は、金融ではない実体経済を相当痛めつけたわけです。だから政府も、やむなく財政出動で実体経済を担っている家計や中小企業に直接響くような政策をやらざるを得なくなったということです。

本来ならば、デフレがずっと続く間にこれをやらなければならなかったのですが、初めてこのコロナ恐慌でやらざるを得ないところまで追い込まれました。言い換えれば、コロナ恐慌でやっと目覚めた。本来のあるべき財政政策にやっと戻ることができたというわけです。ただ、これが長続きするかどうかは問題ですが。

いずれにしても日本の場合はお金が余っているということは、すごい利点なのですよ。これを活かさなければいけない。

石平 日本の財務省とマスコミは逆のイメージを流布させた。日本は借金大国だということで、みんなお金が余っているという認識はほとんどない。新型コロナウイルスの件もそうだし、日本人全般が何か自信を失っています。

田村 先行きが見通せないというのは一番経済にとってマイナスです。申し上げたように、絶えず人は先行きを見てしか行動しないですからね。

サプライチェーン分断を考察する

石平　それと関連して、新型コロナウイルスの一件以来、私も問題意識を持つようになったことがあります。政府を小さくすることにより、市場を拡大し、その結果国籍不明の巨大なグローバル企業が誕生した。そのグローバル企業は、ワールド・サプライチェーンを構築し、たとえばどこの国の自動車メーカーも、自国内だけで生産を完結できなくなってしまった。その結果、国家がますます小さくなり、企業はますますグローバルに巨大になっていった。つまり恩恵を受けたのはグローバル企業だった。

しかし考えてみると、そうしたグローバル企業の投資先である新興国も大きな恩恵を受けてきました。中国がその最たる例です。

グローバル企業と中国を富ませた半面、先進国は国内産業の空洞化を招き、その反省の上に立って、トランプ政権はアメリカファースト、産業のアメリカへの回帰を求め、貿易戦争を始めました。米中対立が先鋭化するなかで当然日本の態度もアメリカに問われるようになります。

そのタイミングで新型コロナウイルスが起きて、否応なく世界各国はウイルス感染を止めるべく実質上の鎖国に踏み込みました。人の往来が止まり、世界のサプライチェーンは分断されたまま、世界経済を牽引《けんいん》していた中国経済が今後どうなるかわからない。新型コロナウイルスの収束も見通しがつかない。そうした国際情勢にあって、いわゆるグローバル化の功罪と今後が問われるようになるのだが、さて、わが国日本の経済はどうなるのか？脱中国と同時に、生産と消費を1国だけで賄うことがはたして可能なのか？

田村　すべて国内で国産化しないといけないとなると、限定はされると思います。

今回のサプライチェーン分断で、まず問題化したのがマスクでした。そして薬品、特に抗生物質。抗生物質の原料の大半は中国で供給されているからです。

マスクだって抗生物質だって、中国は自国ファーストだから、外に出しませんよ。余ったものしか外に出そうとしない。これは、中国に限らず、どこだってそうなると思いますから、今後はかなりの部分を自給できなければいけない。

もう一つ、これから大事になってくるのは、食料です。つまりコロナのような大災厄が起きた場合、輸入が止まる可能性がある。各国とも自給するのが精いっぱいで、輸出にまわす余力がなくなる状況にならないとも限らない。食料品というのは、国民の栄養を支える基本的なものについては自給率を上げなければいけないという発想にも当然なってきますよね。

ただ、家電や自動車とかであれば、何もすべて自国で賄うのではなく、脱中国のサプライチェーンの構築を考えればいい。たとえばベトナムとかインドとか、そしてなるべく国内にシフトするようにする。これはもう自然の流れだと思います。ただ、ことごとく国内で自給しなければいけないというのは、おそらく経済合理性の観点からしても現実的ではありません。

ただ、グローバリゼーションが行き過ぎたことの根底には、ある種のイデオロギーがあることも注目すべきです。それは、株主中心主義です。会社は誰のものかというあの問題です。

資本主義であろうとなんであろうと、歴史の長い伝統を持つ国、たとえば日本ならば、経済を支える主体となる産業については、その根底に日本の伝統や歴史があるからこそ成り立っているわけです。

だから、かつての日本の大企業には、国家、国民全体、あるいは国内のインフラを含めた総合的なシステムや地域社会、従業員、消費者、こうしたものの全体のために存在するという自覚がありました。ただし、自覚があったのはだいたいバブル崩壊くらいまでで、崩壊してからはどんどんおかしくなって、企業は株主のものになってしまいました。

株主というのがどこから来るかというと、これはグローバルなのですね。

石平　同感です。

企業は株主のものと規定した小泉政権の愚

田村　たとえば、アメリカの投資ファンドが日本の企業に投資したら、「高い配当をくれ。従業員なんか知るか。税金はとにかく払うな。どこかタックスヘイブンなどでうまくやれ」と主張し、配当さえ多ければいいとなってしまう。

だから、企業の収益に貢献しないところは切り売りさせる。M＆Aが盛んになって、従業員の賃金や福祉などは余計だと言い張るわけです。

要するに株主にとって価値があるようにしろという圧力ばかりが大きくなってくる。日本はとうとう小泉政権の頃に商法改正をして、企業は株主のものだということになってしまったのですよね。

ここからますます、株主中心主義に日本の産業構造が転換していった。これが伝統的な日本経済社会そのものを変えていっています。

石平　結果的に、日本の雇用状況も大きく変わらざるを得なくなったのか。日本的経営スタイルも大きく変わってしまうわけですね。

田村　だから、終身雇用も邪魔だということです。でも、一気に廃止するわけにはいかないから、終身雇用で雇われた人たちがリタイヤしていくと、今度は季節雇用とかパートタイムとか外国人労働者たちが中心となっていく。

要するに、低賃金で社会保険の負担もできるだけ減らすことができ、いつでもクビを切れて整理できる労働力しか雇わないといういびつな構造になっている。これはしょせん株主のためです。だから株主にとっての価値が上がるということです。収益が上がるから株価も上がります。

もう一つは、余計な収益を生まない資産が少なくなり、収益を生む資産が増えるから、余った金は内部留保、準備金として計上される。ただしこれも株主のものなのですね。配当の原資になります。

だから日本の上場企業、経団連のメンバーのような企業は、特に株主価値を重視する経営になっていったわけです。ここのところが、日本経済の低迷の大きな元凶だと、私は思います。

石平　そうすると、アベノミクスは病気の根本的な治療には何もなっておらず、対症療法でしかない、ということですね。

田村　そうですね。前述したように円高の是正ができたことは評価できます。1ドル77～

78円までいっていたのですからね。民主党政権時、東日本大震災に遭った際、日銀は金融を締め付けたことから、デフレがひどくなって、円相場は超円高になり、みんな悲鳴を上げた。

それで政権交代後、アベノミクスで初めて大幅にお金を刷るようになって、奏功したのは、株価が持ち直したことと、円高が是正されたことでした。だから110円前後で落ち着くようになってきて、とりあえずこれでとなっていたところで、コロナ恐慌になってしまったということです。

石平　もし日本経済に即して言えば、個別の経済政策の問題よりも、結局、経済の根本的な在り方の問題になってしまうのですね。

田村　そうです。私もそのことに何とか気づいてほしいと期待しているのですが。与党の一部の人がようやくそのあたりに気づき始めてきていると思います。

ソフトランディングと内需促進が今後の日本のテーマ

石平　市場経済が、将来の見通しの上に立つのであれば、まず安定した企業経営が大事です。株主中心ということに翻弄《ほんろう》されることなくね。株主は気ままなもので、企業の30年後、

50年後を見通して株主になっている人ばかりではなく、今、価値が上がればいいという短期的な利益を求めているわけです。それに翻弄されると、長期的な経営、研究開発は成り立ちません。

さらに企業に雇われる人は、結局、長期的な生活の安定、加えて将来が見通せないと安心して働けません。しかも安心して働けないと、消費者としての安定性もない。そうなると経済はさらに不安定の要素に晒《さら》される。

外国の物を売ると、外国に何が起こるかわからない。外国の労働者に期待すると、いつ来なくなるかわからない。たとえば、観光業界もそうでしょう？　ホテル業界はどんどん外資に身売りして、頼りにしている外国人観光客がある日突然来なくなると、すべてが破《は》綻《たん》してしまう。

私の問題意識として申し上げたいのは、新型コロナウイルスがこれまでの行きすぎた考え方の経済に警告を発し、これをきっかけにもっと確実性を求めて日本は進めと教えてくれたのではないかということです。だって、すべてがグローバル市場中心に動いていては、はっきりいって誰もコントロールできないでしょう？

人間の知恵でコントロールできる一定の範囲の、安定したブロック経済でもいいですけれど、そういうなにか安定した経済環境をそれぞれつくることは今後可能でしょうか？

田村　行き過ぎた部分は、中国の人たちのインバウンド消費やインバウンド観光に依存しすぎてしまった地方のホテルや宿泊施設は、軒並み大変な打撃を受けています。そういう人たちを受け入れるために設備を拡張したり、雇用を増やしたホテルや旅館、あるいは店もあるでしょう。こういうところが元に戻るのはたしかに困難ですね。

いろいろな意味で、グローバル化により海外からの消費に依存しすぎてしまったところは、打撃を受ける現状になっています。これをどうするかという問題ですが、一時的な休業補償、あるいは100万円支給するから従業員のクビを切らずに頑張ってくださいと言っても、当然長続きはしないでしょう。

けれども、その場合はその場合で、安定した需要に即したサイズ、業態に転換していくことが重要になってきます。そこのソフトランディングに必要なサポートを、政府がどう切り盛りしていくかが大事になってきます。

だから私は、なにがなんでも政府が財政出動や休業補償しなさいというのは、現実的でないと思います。ただし、ソフトランディングするという方向ははっきりしているわけです。やはり内需以外にはない。

石平　やはりそうですか。

田村　今回のコロナ騒ぎでよくわかったけれど、年金生活をしている人だって、温泉に行ってゆっくりしたいとかいう人が大半です。だから適切な価格で適切な設備……その点では日本には至るところに温泉があって恵まれているわけでしょう。ですから、ほどほどのサイズでの需要は確保されるはずです。それは回復されるでしょう。

石平　ほどほどのサイズで、自国の経済政策が及ぶ範囲のなかで、長期的視点に立って、消費も生産もするということですね。私は関西の奈良に住み、ときには京都にも行きますが、鑑みれば、コロナウイルスまで、去年の12月まではみんなハッピーだったのですよ。京都のあちこちで新しいホテルができていました。

外国人観光客は中国、台湾、東南アジア、ヨーロッパ、アメリカetc。毎日のように京都に押し寄せてくる。奈良公園にもほとんど日本人がいないくらい（笑）外国人が訪れ、観光業もホテル業も潤っていました。

外国人観光客を観察すると、使っているカメラはほとんど日本ブランドでした。スマホはサムスンかファーウェイが多かったでしょうか。私はそうした機器を使っている外国人観光客を見て、今や製造・配送・流通などあらゆる分野において当たり前になっている、世界を跨《また》ぐサプライチェーンのことを連想していました。

今回のコロナ禍により世界のサプライチェーンが機能不全に陥ったわけですが、やはりグローバルなサプライチェーンは危うさと脆《もろ》さを孕《はら》んでいます。

第5章

中国なき「ジャパンファースト」への覚醒

国家安全保障と国産化の関係

田村　企業の問題は、サプライチェーンに依存して、最終的にガシャンと一つの弁当箱に詰めて完成品にするという仕組みですよね。今の主に半導体を中心に主流になっている産業はサプライチェーンさえ確保できれば、あとは組み立ててガシャンやれば完成します。

まあ半導体といっても、高度な集積回路からさまざまなコンデンサーや電子部品をあちこちから集めてくるのですが、そうした分野で世界で有力なサプライヤーになっているのが日本のメーカーだったりするわけです。

グラフ7：対中直接投資と対中半導体製造装置輸出（兆円）

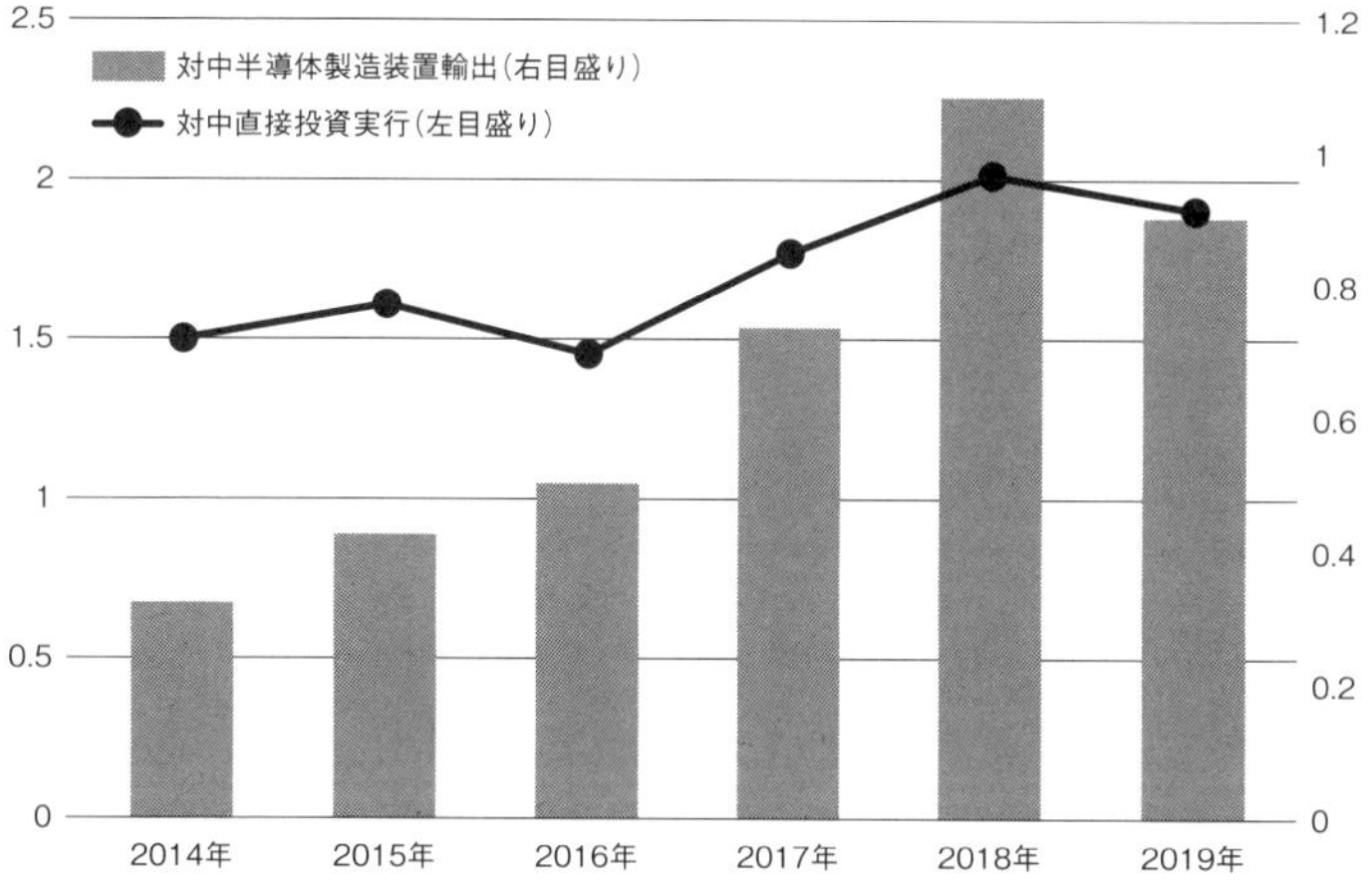

データ：財務省、CEIC

サプライチェーンの方式を使い、なおかつ いわゆる弁当箱方式で完成品をつくる仕組み自体は、ある意味では経済合理的です。ただし、今回の新型コロナウイルスのような騒ぎになると、どこかの部品の生産工場の生産が止まってしまうわけですからね。

石平　一つの工場が止まると、全部駄目になってしまいます。

田村　それが石平さんが言われた危うさ、脆さの正体です。私は考えるのだけれど、日本企業というのは馬鹿ではありません。むしろものすごく柔軟です。だから企業はリスクに遭遇したときに必ず対応できるよう、普通はどこかにストックを持とうとします。トヨタのかんばん方式みたいなものは、在庫は持たないけれど、すぐにトラックで運んできます。

石平　あれは日本のなかだからこそできることでしょう。

田村　そう。ジャストインタイム方式というのは、おっしゃるように国内限定であればうまくいくかもしれないけれど、サプライチェーンでグローバルに供給ネットワークが広がっている場合は、うまくいかない。

だから企業は、けっこううまく対応するわけですよ。必ずやね。東日本大震災のときに、東北の生産工場がやられた場合でも、日本の企業はあとからうまく対応していったわけです。企業というのは、そういうことができる柔軟な組織にはなっているはずです。

ただし半導体を使うようなものは、ハイテクなＩＴ情報技術で、情報だけでなく軍事安全保障に関わりますから、国際情報戦争という別次元の話になってくるわけです。

だから米中対立、特にファーウェイ問題のように、情報の根幹、特に中枢的な技術あるいはシステム全体を押さえられてしまうと、国家安全保障が脅かされることにつながります。

石平　国家の問題になってくるわけですね。

田村　そう。だから、米中だけの問題ではないのですよ、これは。

日米の同盟関係などと言っているけれど、たとえばアメリカは日本に重要な機密に関わるようなシステムや情報の中身をそのまま開ける鍵付きでして渡すかといったら、絶対にそうではありません。

中国だけがアメリカのターゲットかといえば大間違いで、日本だっていつやられるかわかりません。

これははっきり言って、日本自身が厳しい現実を自覚した上で、国内でそれを確保しなければいけません。だから、たとえばアメリカだったら安心して任せられるなんて、甘すぎます。

そして軍事につながるようなものはアメリカだって戦闘機を輸出するときは、一番中枢のシステムはブラックボックスといって、開けてもわからないというものでしか渡しません。そういうものなのですよ。

結局、今の時代は、産業政策といっても国家安全保障に関わる分野は必ず１００％国産化しなければいけません。その分野で国家財政を使うのは、私は当たり前の話だと思います。

ようやくこういう当たり前のことがわかってきたのではないでしょうか。国外で安いものがあれば買えば良い、そういう発想ではないということです。

石平　一つは国家安全保障の問題。もう一つは、行き過ぎたグローバル化ですね。特に先進国に限っては、国内の産業が空洞化し、雇用の確保ができなくなってしまう。おそらくトランプは本能的にそれに気づいた。

田村　そうですね。ある意味トランプは先駆者ですね。

ゼロからやり直さなければならない日本の国産化技術

田村　たとえば、日本がアメリカの戦闘機をいくら高額で買っても、ブラックボックスがあって、性能も2割減くらい落とされていると思いますよ。だから自衛隊が嫌がるのです。ただ、仮に日本メーカーに独自に開発させるなら、とんでもない価格になってしまうわけで、アメリカの戦闘機が高価だといっても、あれでも安いという話になってしまいます。

私はブッシュ政権（2001年1月～2009年1月）のときに当時のアーミテージ国務副長官からよく話を聞いていたのだけれど、戦闘機について「田村、なんでアメリカのものを買わないのだ。高いものばかり日本でつくってどうするんだ」と繰り返し言っていました。すべてこういう感じで迫られ、日本の外務省を中心に、みんな降参していました。

でも、日本はそれでは駄目なのです。国産で基礎からやり直さなければいけないわけだから、金がかかるのは当然のことです。国産機製造に金を使えばいいではないかと、私などは思いますよ。

戦闘機ではないけれど、三菱重工の旅客機MRJの納品があれだけ遅れている大きな理由は、日本に航空機製造に関するインフラがないからです。日本に航空機の検証システムがありませんからね。だから全部アメリカに持って行って安全性のための検査とテストを受けなければならないのです。だから、日本はある意味ゼロからやり直さなければなりません。

潜水艦の技術は、日本は際立って高いし、戦車も良いのをつくっていると関係者から聞いています。けれども、実戦をやったことがないというのが致命的です。アメリカが優れているのは、特に戦闘機の性能が優れているのは、実戦が多いからに他なりません。実戦をしなければ、現実に対応できる優れたソフトウエアはつくれません。

石平　たしか中国が初めて買った空母はロシアの中古空母で「遼寧《りょうねい》」と命名されましたが、あれは甲板の先端部が反り上がった、かなり古い形ですよね。

田村　そうです。けれども、中国にしても実戦や経験を積めば積むほど、だんだん改良されていきますから、自国で設計する空母もブラッシュアップされていくのだと思います。

石平　それに空母をきちんと運用できるようになるまで、通常10年は費やすと聞きますしね。

田村　やはり軍備にはとんでもなくお金がかかるのです。これは各国共通しています。

　軍事の製品開発や技術開発には、膨大な初期費用がかかることから、普通の国はビビってなかなか手をつけられませんが、戦争ばかりしているようなアメリカやロシアみたいなところは、やむにやまれず人的資源やさまざまな資源を投入して、どんどん経験が蓄積されて、実戦に見合ったものができていくのですよ。

　日本はたしかに平和憲法によって大きな制約があるとはいえ、危機が目の前に迫ってきたら、そうも言っていられません。

　ただし現実問題、アメリカとの防衛関係を最優先させなければいけないというのは事実です。だから自分でできるものはやらなければいけない。イスラエルなどを一つのモデルにすればいいと思います。

石平　最近、防衛省が「宇宙作戦隊」を発足しましたよね。あれもアメリカの「宇宙軍」に付き合っているわけですか？

田村　それもあるけれど、私はかなり日本の自立思想が影響しているのではないかと思っています。たとえば電磁波兵器みたいなものなら、日本の自前技術でつくれます。日本独自で完成できるものはかなりあるのですよ。

　いつかイスラエル取材に行ったときに軍関係者から聞いたのは、1991年の湾岸戦争時に馬鹿高いパトリオット・ミサイルをアメリカから買わされたのだが、敵のミサイルに当たらないことが多くて、大いに不満だったと。それならばと、自前でサッと開発したら、はるかに命中率が高かったそうです（笑）。

イスラエルはいろいろな技術を持っていますよね。戦時になると飛行機は必ず自国の旗をペイントしなければいけないでしょう？　その塗装が消えてしまう技術を持っているそうです。

石平　ちなみにイスラエルがあれだけの軍事力を持てる裏付けは、何ですか？

田村　ユダヤ系資本の金が入っているからです。あとはアメリカからの援助がある。

石平　そうか。イスラエルは基本的には農業国ですものね。自国産業とか経済とかはどう考えても……。

田村　ユダヤ系の人たちは世界中にいて、特にアメリカに多いでしょう。

石平　やっと自分たちの国ができたのですから、支援は惜しまないのでしょうね。

田村　アメリカのハリウッドと言論界はユダヤ系の人が握っています。

石平　ウォールストリートもそうですよね。

田村　そうです。だから結果的には政治を動かして、アメリカの莫大な援助や技術が当然、イスラエルに流れていきます。

日本に、そういう特殊な歴史を持つイスラエルになれといっても、それは無理な相談です。でもその代わり、日本に何があるかといったら、エレクトロニクスを中心として独自の優れた技術が各所にあるわけです。これをどうにかしていかないとね。

石平　アップルだって相当日本の部品を使っていますよ。

田村　そうですね。だから日本は、単なる部品のサプライヤーで満足してはいけないということです。システムやソフトウエアについても、独自のものをつくって、完成品にもっていかなくてはいけない。

日本発世界標準になりそこなったTRON

石平　でも、日本では坂村健という科学者を中心に開発されたオペレーティングシステムのＴＲＯＮ（トロン）が世界標準になるかと言われていたのが、アメリカに潰《つぶ》されてしまいましたよね。

田村　そのあたりは今回のアメリカのファーウェイ潰しを見ていると、思い出します。あのときは、宮沢喜一政権で、アメリカはブッシュ父政権でしたね。アメリカに一喝されたら、すごすごと引っ込めてしまいました。もし拒否していたら、日米同盟に亀裂が入り、

郵便はがき

料金受取人払郵便

牛込局承認

9410

差出有効期間
2021年10月
31日まで
切手はいりません

162-8790

東京都新宿区矢来町114番地
神楽坂高橋ビル5F

株式会社ビジネス社

愛読者係 行

ご住所 〒 TEL: ( ) FAX: ( )		
フリガナ お名前	年齢	性別 男・女
ご職業	メールアドレスまたはFAX メールまたはFAXによる新刊案内をご希望の方は、ご記入下さい。	
お買い上げ日・書店名 年 月 日	市区 町村	書店

ご購読ありがとうございました。今後の出版企画の参考に致したいと存じますので、ぜひご意見をお聞かせください。

書籍名

お買い求めの動機

1　書店で見て　　2　新聞広告（紙名　　　　　　　　　　）

3　書評・新刊紹介（掲載紙名　　　　　　　　　　）

4　知人・同僚のすすめ　　5　上司、先生のすすめ　　6　その他

本書の装幀（カバー），デザインなどに関するご感想

1　洒落ていた　　2　めだっていた　　3　タイトルがよい

4　まあまあ　　5　よくない　　6　その他(　　　　　　　　　　)

本書の定価についてご意見をお聞かせください

1　高い　　2　安い　　3　手ごろ　　4　その他(　　　　　　　　　　)

本書についてご意見をお聞かせください

どんな出版をご希望ですか（著者、テーマなど）

内閣は持たないと宮沢さんも割り切ったかもしれません。でも、情報技術革新のためには マイクロソフトの基本ソフト、ウインドウズだけでは駄目なんだとか言って粘れば、道が開けたかもしれません。返す返すも残念です。

石平 やはり、背景に軍事力がないから、喧嘩《けんか》のしようもないですよね。

田村 それはそうだけれども、もっとしたたかに動けたのではないかと、今でも私は歯噛みする思いです。はいはい了解しました、って返事だけして、裏で続けていればいいのですから。あれでは相手の言い値どおりに支払っているのと同じで、馬鹿にもほどがあります。

石平 ところで、アメリカが台湾に輸出している戦闘機も、日本が購入したのと同じようにブラックボックスがあるのですよね？

田村 当然です。アメリカはそうした技術は絶対に渡しませんよ。特に大陸とつながっているスパイがわんさかいる台湾は危ないですから。

石平 そうですよね。

田村 だからアメリカは台湾に関しては、完成品は輸出するけれど、肝心の部分は出しません。

数年前、アメリカ軍の戦闘機が台湾の高雄に不時着したことがありました。そのまま高雄の台湾空軍の格納庫に避難したのだけれど、コックピットからパイロットが1日中、一切外に出てこなかったのです。台湾空軍の関係者に絶対に戦闘機のなかに入らせなかった。

石平　それだけ警戒しているわけですよね。

田村　ええ。戦闘機が直るまで24時間以上かかった。米軍関係者が急行して、全部自分たちで修理した。台湾関係者は一切機内には入れなかった。そこまで徹底的にやるのです。特にレーダーシステムに関する情報を遮断していたと聞きました。

軍事の世界については私の門外ですから、普通のロジックで説明できないので残念ですが、少しはその厳しさが伝われればと思い、少しだけお話ししたかったのですよ。

軍事と比べると経済はロジックで説明できます。経済の話は非常に合理的なのですね。だから、また話は戻ってしまうけれど、中国がドル依存になるのはひどく〝合理的〟な選択なのです。

石平　中国の成長戦略からしたらね。なるほど。

田村　それなくして、中国の成長はありません。だから、まだ50年くらい韜光養晦を解くのが早かったなと思う（笑）。もう少し我慢してセーブして、アメリカに、オバマ政権みたいな寛容なのが出てくるのを待っていたら良かったのにね、と思う。

これからは国内に集中投資せよ！

石平 資本主義経済の根本を問いただすと、みんな安定した仕事をして、家族を養って、社会を支えることです。どう考えてもグローバル経済、あるいは先ほど田村さんがおっしゃった株主中心主義の経済とはパラレルしません。たとえば株主中心主義の論理的帰結はもう一人も雇わないほうがいいということですよ（笑）。給料を全然払わないほうが良い。だって株主の最大利益になりますから。

田村 地域社会のためになにも貢献しないほうが良いのです。余計なコストを払うなということですからね。

石平 そうそう。まあ、すべてコロナで変わるわけではないけれど、これを一つの問題提起として、今後もっと根本的なところで日本の経済、あるいは地域の経済を、どうやって健全に回していくかはとても重要です。

そしてもう一つは前半でいろいろ中国経済の話を伺ったのですが、この10年間で中国はドルを頼りにして世界経済を牽引した……あるいは中国はグローバル化の利益の獲得者です。一番儲かりましたから。

しかし逆に問題は、世界中に一種の神話ができて、どこの国も中国を頼りにしないとやっていけない、という神話が出来上がりました。中国市場、中国の観光客を頼りにしないとやっていけない。中国で物をつくるから、中国に依存をする。日本のマスコミは中国依存をあたかもある種の常識として語っています。でも、必ずしもそうではない。

そこで私が伺いたいのは、それでは中国経済が駄目になったらどうするのか。あるいは今後の日本経済、世界経済は、中国なき経済を考えられるのか。どう思われますか？

田村　極論を言えば、中国なき経済を考えたほうが良いのでしょうね。世界経済がなぜ成長できるかといえば、どこかに成長センターがある。リーマン・ショック以降はまさしくこれは中国だったわけです。

経済が成長するとはどういうことか。それまでの生産よりも価値が「オン」されるのが成長なのです。だから、オンされるものがどこから来たかというと、中国だったわけです。中国の需要が拡大する部分が世界に波及していき、それが分配されていくという構造になっていたのです。

したがって、中国がこのままマイナス成長で縮小していった場合、世界経済も当然マイナスです。おそらく現実的には、中国の成長率が6％だったものが2％くらいになるという予想が成り立つと思います。これだけ世界の下押し圧力により成長率が下がっていく、余白の部分が縮んでいくのは、そのとおりです。そうであれば何が必要かというと、その分だけ各国は自国の経済を内需で掘り起こして、変えていかねばならないということに当然ながら収斂《しゅうれん》される。だからこれはある意味良いことなのですよ。

なぜならどの国にも国家があり、政府がいて、政治家がいて、官僚がいて、企業があって、大学があって、学生がいて、子供たちがいますから。要するに国家を支えるのは人です。その人々を動かしていくのが政治であり、政府なのです。

だから、中国市場に任せておけばいいのだ、企業はグローバリゼーションを勝手にやりなさい、というのがこれまでの時代だったわけですよ。しかし、そうはいかないぞと。

やはり自国のことは自国で考えてやらなければいけない。自国の若い人の能力を高めていき、これまで蓄えていたお金は国外で使うのではなく、国内に流していく。ウォール街に投資したり、ニューヨーク株式に投資するのではなく、国内で大いに使えばいい。国内に集中投資しなければなりません。なによりもジャパンファーストなのです。

IMFを利用し増税する財務省

田村　実はわれわれが育った日本国を大事にしていくのだ、という本来当たり前のことが見失われてきた。国内でカネを使う、投資する、人材を育てる。これからはこの考え方が万国共通になっていくわけです。アメリカはアメリカファーストで、とっくに、ある意味トランプが先見の明ですでにやっています。

石平　そこはトランプのすごいところですよね。

田村　中国に関しては、ある意味感心しているのが、中国は中国共産党の利益のためにやっているのだけれど、結果的に中国国民の利益にもつながっていたわけです。共産党政府も自国ファーストをやっていたと、言えなくもない。自分の懐を太らせた上での自国ファーストなのだろうけれどね（笑）。

だから本来、国というのは、政治家というのは、それを一番に考えなければいけない。だから小さな政府でいい、あとは企業はグローバルでどんどん活躍すればいいというのはおかしい。何を言っているのだということです。世界政府、国連政府なんてものはないですからね。国際協調なんて称して、自国を駄目にする緊縮財政と消費税増税を勧告する国際通貨基金（ＩＭＦ）にポンと巨額の資金を提供し、先進7カ国サミットでは消費税増税を国際公約して悦に入る首相や財務相がいる国は世界のどこにもありません。もしアメリカがＩＭＦから増税を勧告されるようなことがあったら、トランプ大統領はＩＭＦから脱退し、ＩＭＦには本部のあるワシントンから出て行け、と言うでしょうね。日本の政治家もメディアも国際協調万歳、国際機関尊重主義で自分の頭で自国のことを考える意志が薄弱です。

これからは自国の民を豊かにしていく、若い人の未来をどんどんつくっていくという、本来の姿にならなければいけません。

そういう点で何度も言いますが、日本はお金という意味では、圧倒的にゆとりがある世界最大の国なのですよ。

成長させなければならない経済の本質がわかっていなかった安倍政権

石平　日本は戦後の復興、高度成長期、50年代、60年代、70年代、80年代とずっと国内で生産性を高めて、付加価値をつけて、国民の消費に回して、安定した雇用と生活があって、国民の生活レベルを徐々に上げていきました。そして収入が倍増し、生産も大きくなって、それで、ある意味みんなハッピーの世界になった。

でも90年代になってバブル崩壊を経験したり、グローバル経済に巻き込まれたり、安い労働力を求めて企業が中国に出て行ったり、気づいたら観光業が外国人に依存していたりで、先刻の田村さんのお話ではここ23年の平均経済成長率は０・８％というていたらくです。

コロナ禍と中国の没落を契機に、今後の日本はかつての日本の健全な経済を取り戻してほしいし、さらに欲を言えば、日本経済の栄光を取り戻してほしいです。

田村　日本も経験しましたが、新しく立ち上がって高度成長を遂げた国には、中国をはじめとして共通点があります。まずは外需主導で、離陸したのです。

たとえば、敗戦後の日本は円の価値がそもそもなかったから、ドルが必要だったのです。だから安かろうが何だろうが日本でつくった製品を、どんどんアメリカを中心に輸出しました。とにかく外貨を稼がないと資金ができないからでした。しかも1ドル360円という超円安の固定相場だったので価格競争という面では輸出に有利な状況だった。日本の戦後復興は、ドルと輸出に助けられたわけです。

それで国内の設備投資が起きて、雇用の拡大が起きて、今度は消費者も家計も企業も、先行きに対する自信や希望が出てきた。そうすると次第に好循環が生まれて、内需が拡大していき世のなかにお金が回るようになった。それがバブル崩壊になってしまったのです。

ここでの一番の失敗は、バブルを潰したことですよ（笑）。

石平　あのときは、日銀総裁の三重野康さんがバブルを潰そうと急激な金融引き締め政策を行った。

田村　バブルは自然に潰れるといえば潰れる。これはマーケットの原理で、行きすぎたものは自然と崩落するのですが、政策当局が潰しすぎてはいけないわけです。不動産の価格が都心部では数倍に上がったからといって、10分の1にまで下げさせるというのは無茶な話ですよね。株価も4万円近くになって、その株価をドンと暴落させなければいけないという理由は何もないのです。

落ちたとしても、ある程度のところで止めなければいけなかった。ところが、日本の場合は徹底的に潰したのです。水に落ちた犬を叩くようなことを、時の政府と日銀はやってしまったのです。

なぜかというと、あまりにもバブルで地価が上がり、不動産価格が上がり過ぎたら、みんなマイホームを手に入れられないではないか、そんな大合唱のもとで、どんどん潰せ潰せになってしまった。株の暴落もまた不動産相場崩落を引き起こしました。株高は企業の株式市場からのゼロコストの資金調達を可能にし、企業はそのカネを財テクと称して不動産投資に振り向け、不動産相場を急騰させたのですが、株価下落でその連鎖が逆になり、不動産が投げ売られるようになりました。

結局、最後は金融機関の不良債権の山が残っただけでした。これは百数十兆円規模にもなりました。そうなると、今度は金融機関が「お金を貸せません」「貸した金を返済しなさい」となった。だから、中小企業を中心に痛めつけられ、お金が動かないから人の動きも全部止まってしまって、消費も所得も減り、大変悲惨なことになりました。

それを是正しようにも、逆にバブル崩壊が一段落した途端に緊縮財政と増税でしょう。さらにグローバリゼーションをもっと進めなければいけないとなった（笑）。打つ手打つ手が悪性のものだったのです。

石平　その悪循環を断ち切るのがアベノミクスだったはずなのに、金融政策に留まり財政政策を打ち出さなかったために、需要を創出することができず実体経済が恩恵を受けてこなかった、というのが先ほどの田村さんのお話でした。

田村　財政を緩めるどころか反対に引き締めてしまった。緊縮して、増税をやってね。あべこべです。これがアベノミクスの大失敗の本質です。

石平　日本経済の最後の決め手は政府の政策で、安倍政権は経済の本質がわかっていなかったわけですね。

「脱中国」も日本人ならうまくやれる

田村　だから、コロナ恐慌でよくわかったのは、経済を〝萎縮〟させるままにさせてはならない、景気が後退しても、経済のマイナス成長は最小限にとどめ、速やかに成長軌道に戻さなければならないのです。これを意外とみんな忘れてしまっている。

石平 新型コロナウイルスという外部的な要素が経済を萎縮するどころか、凍結されてしまった。経済は簡単にマイナスに陥るということが、今回よくわかった。

田村 はっきりと言ってしまえば、経済が萎縮することは、人の生死に関わることなのです。

石平 日本経済の根本はここです。みんなのマインドで、将来の見通しができるかどうかですよ。中国市場とかは付属的なもので、日本人がみんな前向きに楽観的に将来に向かっていこうとすればいい。経済はそういう精神やマインドにとても影響される。

田村 ただ、バブル崩壊や新型コロナウイルス恐慌で個人や企業の経営者に任せていたら、そうは戻らない。だから、主軸になる、起爆剤のようなものを発動できる主役がいなければいけない。それは政府しかないのです。

「政府なんかに任せられるか」などといくら思っても、やはりそれをできるのは政府しかない。

石平 企業はそういう権限も、義務もないですからね。どんなに大きくても。

田村 企業は株主様のものですからね（笑）。株主はその他大勢というように見えるけれど、これはニューヨークの強欲な投資家やヘッジファンドかもしれません。

石平　日本経済はそういう者たちに任せることはできないし、もう一つ、気懸かりなのが中国経済の今後です。はっきり言って、今の中国がいつどうなるかはまったく予測不可能でしょう。5年後、場合によっては世界にとってのマイナス要素になる。場合によっては、中国と日本の関係がどこかで途切れてしまう。米中は本当に戦争になるかもしれない。

ですから政治家にしても経営者にしても、もし明日、中国経済との関係が途切れるとしたら日本経済はどういうことになるか、という仮説を立てて真剣に考えなければならない。

田村　途切れた場合、それはそれで日本人ならパニックに陥ることなく、うまくやるのではないでしょうか。

石平　私もそう思います。

田村　多少問題があったとしても、インドや東南アジア各国に移るでしょうね。部品の供給先など困難を伴うことも当然あるのでしょうが、そうするしか生きる方法はない。

もちろん、中国との経済的な関係が途切れるときには、大変な混乱が起きますよ。際立って依存してしまっていますからね。生活用品はもちろん、大企業はことごとく中国で部品を生産していますからね。

石平　日本が明日、自ら望んで中国をすべて断つというわけではない。でも、そういうことが起きたとしても、日本経済が致命傷にならないように、日本企業は立ち回らなければいけない。

田村　たとえば台湾問題で、台湾に中国が軍事侵攻を仕掛けたりする。それで米中が激突するなどといった事態になった場合、日本も巻き込まれて、日本も当事者になるでしょう。

そのときは、日本は当然アメリカ側につきますからね。それ以外の選択はありません。何よりも強権の膨張主義、人権無視の中国に対しては日本共産党だってノーですからね。経済利害がどうであれ、欧州だって大義を優先するでしょう。だからアメリカにもいい格好をして、北京にも擦り寄るということはあり得ません。許されない。そちらの局面のほうがだんだんと強くなってきてしまっていますね。

石平　そうそう。コロナウイルス前後の台湾を巡る動き、香港を巡る動き、だんだん米中対立が先鋭化してきています。

田村　実際には延期になったアメリカでのG7に、安倍首相はコロナ禍にもかかわらず、「喜んで行きますよ」とトランプのご機嫌をとり、一方では「習近平さん、どうぞ国賓で日本にいらっしゃってください」などという手はもう通用しませんよ。

台湾問題が爆発したとき、日本は〝当事者〟になる

石平　今日、田村さんにお話を伺って思ったのは、いざとなるときに日本は覚悟を決めなければいけないということ。そして日本経済が覚悟を決めて頑張れば、また明るい見通しが立つということですね。

田村　かつて石油ショックだとか湾岸戦争だとか、ブッシュ政権のサダム・フセイン討伐のときも、「日本もなんとか軍事で貢献しろ」とアメリカから恫喝《どうかつ》されたけれど、台中問題が一線を越えればそんな程度ではすまない。

石平　次元が違う。

田村　日本は当事国です。だからアメリカ側から言わせれば、「それはおまえの問題だろ」となります。「いいぞ、中国側にそんなに擦り寄りたければ勝手にしろ。その代わり、われわれとはもうこれでおしまいだ」となるに決まっています。

中国は、習近平本人が自覚しようとしていまいと、自爆装置のスイッチに手をかけてしまっています。それが暴発しかけたときにアメリカとの全面的な対立に発展して、台湾問題が爆発する。日本はそのときに〝当事者〟になります。

日本はそのときに向けて備えていなければいけない。だから、コロナ恐慌の帰結は、はっきり言えば、習近平問題、というか全体主義中国問題なのです。米中対立が極限の状況まで行く接点はどこにあるかというと、これからは香港よりも、日本列島の目の先の台湾ということになるでしょうね。だから日本問題になります。

その覚悟が、日本には、安倍首相にはできているかどうかです。

石平　外交と国防と経済と、すべての面で覚悟がないといけません。

田村　これは経済がわかっていないと、なかなか見えてこない。表面的に政治的な対応をしていくことばかりを考えているだけでは、なぜそうなるのかという道筋が見えてこないのではないかと思います。中国にもそれが見えていない。だからドル依存しているアメリカに歯向かうような矛盾した行動に出る。

石平　それがお聞きしたなかで、一番重要なポイントです。

田村　アメリカはもっと言うと、中国主導の通貨覇権は絶対に許さない。これはハイテク以上にそうです。

石平　アメリカはちゃんと中国の足元を見ていますよね。特にトランプ政権は。

田村　習近平政権にとっての唯一の望みは、アメリカが中国と事を構えたりするのが嫌だということでしょうね。太平洋戦争の前の日米関係もそうだったですから。アメリカ国民は厭戦《えんせん》気分だった。ですから、当時の日本の軍部が「どうせアメリカの世論はそうだから、アメリカはそんなにやらないだろう」と思っていたら大間違いでした。

石平　だいたいみんな、アメリカを見くびったら大火傷をする。

田村　中国人は本来、敵を知り、己を知れば百戦危うからずの孫子《そんし》の兵法をものにした毛沢東のように相手について洞察力が優れているはずなのですけれどね。

石平　毛沢東世代や鄧小平のときまではわかっていました。それがわからない習近平が指導者であるというのが中国の悲劇です。

田村　そこがとてもリスクのあるところですね。だから、日本はそれに備えていないといけない。コロナ恐慌が意味しているのは、それなのですね。石平さんと話して、そこまでわかってきました。

第6章 暴発する権力闘争と帝国主義

中国企業を狙い撃ちにしたアメリカの「外国企業説明責任法」

田村　アメリカが本気なのは、5月20日に上院で「外国企業説明責任法」を全会一致で可決したことでもわかる。これは当該上場企業が外国政府の支配下にないことを証明することに加え、米当局による会計検査を義務付け、3年間、検査を拒否した場合は上場廃止となります。明らかに中国企業を狙《ねら》い撃ちにしたもので、ニューヨーク株式市場から締め出すのが狙い。

当然ながらアリババ集団、バイドゥ（百度）、テンセント（騰訊控股）などは民間企業として上場しているが、中国共産党の影響下にないことをＳＥＣ（米証券取引委員会）に説明、承認されなければならなくなったわけです。また、これまで懸案だった中国企業の財務の透明性にも初めてメスが入ります。

さらに、ナスダックは中国企業の新規上場を事実上制限する、新ルールの採用に踏み切ると発表しています。

こうしたアメリカ政府の強硬姿勢により、中国企業はアメリカで資金調達するハードルを一気に上げられたのです。仕方がないからと中国企業が香港証券取引所にくら替えしたら、トランプは今度は、香港ドルとアメリカドルの交換を停止すると言い出しかねません。そうなったら、もう中国企業はおしまいでしょうね。結局、香港に代替できる所が中国にはないわけだから。

石平　アメリカ政府は、「香港人権・民主主義法」を成立させ、5月27日には「ウイグル人権法案」が下院でも可決され、あとはトランプ大統領が署名すれば成立の運びとなります。この法案が成立すると、アメリカ政府は弾圧や人権侵害に関わった人物のリストを１８０日以内に議会に提出、これらの人物へのビザ（査証）発給の停止、アメリカ国内の資産凍結などの制裁がなされる。

日にちは前後するが、トランプ政権は5月22日に、「中国に対する戦略的アプローチ」

と題した報告書を議会に提出した。同報告書は、「中国は経済、政治、軍事力を拡大し、アメリカの死活的利益を傷つけている」と非難。

中国との間の諸懸案について外交活動による成果を上げられないときは「圧力を強化し、アメリカの利益を守る行動を取る」と警告したのです。

さらに、ポンペオ国務長官も国務省での会見で、「メディアは新型コロナウイルスにばかり注目しているが、まず認識してほしいのは、中国が1949年から独裁的な共産党に支配されているという事実だ」と言及、対中批判の度合いを一段と強めています。

田村 たしかレーガン大統領は、1983年3月の演説でソ連を「悪の帝国（evil empire）」と呼び、「ソ連が歴史の最後のページを書いている」と続けたのはあまりにも有名です。なぜなら、その8年後の91年にソ連が本当に崩壊してしまったからでした。

石平 今回のトランプの「中国に対する戦略的アプローチ」もそれと同じ位置づけです。中国共産党政権そのものを敵に追いやるというものですから。

田村 少し歴史を遡《さかのぼ》ってみると、レーガン政権がとった戦略は高金利政策でした。要するに、高金利のために石油の値段がどんどん下がるのですね。ホメイニ革命の際、第二次オイルショックが起きて、石油の価格がバンと上がったでしょう。その後、アメリカが強烈な金融引き締めを行うことで、原油価格を大きく下落させた。

レーガンがその政策を続けると、ドル高になっていった。ドル高、金利高にもっていくと、物価は比較的下がるわけです。特に投機で上がっていた原油相場がどんと下がったことにより、エネルギー収入に依存するソ連は財政的に大変な事態に陥りました。

石平　そうか、旧ソ連も今のロシアも石油頼みの経済で、変わっていない。

田村　そうそう、石油頼み。それでレーガンはあれでさまざまな大ボラを吹いた。1983年に提唱した「スター・ウォーズ計画」などはその最たるものでした。一言でいえば、宇宙を舞台にした軍拡。それを真に受けたソ連側は、慌ててそれに対抗すべく軍拡を進めようとしたのだけれど、もう予算がなかった。そこで登場してきたゴルバチョフが「ペレストロイカ」、つまり改革をしなければならないと言って、結局、自滅していくわけです。

でも、アメリカのほうも実際にはベトナム戦争の敗北により、軍事的にも経済的にもかなり疲弊していました。スター・ウォーズ計画はスタートしてみたものの、技術的にも予算的にも厳しく、途中からフェイドアウトの憂き目を見ました。軍事予算は実際には手元不如意なんだけれど、ドルの金利政策がソ連を崩壊に追いやった。基軸通貨ドルは真に万能の大量破壊兵器ですね。

中国は石油輸出国ではないが、農民を搾取して安い製品を輸出してドルを稼ぐビジネスモデルですね。ソ連と同じくドル金融に国の命運を左右されます。たとえばアメリカが金利を大幅に上げてドル高になると、ドルに連動させる人民元も上昇し、輸出競争力が落ちます。米中貿易戦争で対米輸出が大幅に落ち込むとやはり、ドルを稼げなくなる。中国の4大商業銀行は資産規模で世界のトップ4にランク付けられますが、アメリカからドル取引を禁じられると経営破綻《はたん》に追い込まれかねない。

大統領副補佐官はなぜ中国語で演説したのか

石平　私はいったんは、習近平が虚心坦懐となって、香港から手を引けばいいと思いました。けれども、中国外務省の趙立堅《ちょうりつけん》報道官がテレビで「アメリカが香港問題に干渉し、わが国に対する制裁措置を発表するならば、われわれは必要な対抗措置を断固講じる」と突っ張っているのを見たら、逆に私は嬉《うれ》しくなってしまった（笑）。中国政府は自ら死の道を選んでしまったからです。

それで私が今アメリカ側で注目している人物がいます。大統領副補佐官（国家安全保障担当）を務めるマット・ポッティンジャーです。非常にユニークな経歴の持ち主で、まだ40代。もともとはウォール・ストリート・ジャーナル記者で中国担当でした。その後、海兵隊に入りアフガニスタンやイラクへの派遣を経て、トランプ政権発足時から国家安全保障会議（NSC）でアジア上級部長を務めていました。史上初の米朝首脳会談の実現や、強硬な対中政策の策定に尽力してきた辣腕《らつわん》です。

田村　けっこう筋金入りの男ですね。

石平　ええ。筋金入りのアンチ共産党。そんな彼が5月4日、ホワイトハウスから得意の中国語で約20分間、演説をした。演説はネット配信で、なおかつホワイトハウスのYouTubeチャネルにもアップされているので、中国人を含めて世界中の人たちが視聴できた。

そして演説が行われた5月4日というのは、1919年に中国で起きた「五四運動」が勃発《ぼっぱつ》した日でしょう。

第一次世界大戦中に日本が中国山東省の利権をドイツから譲り受けることを中国に要求、日本の大陸進出の第一歩となりました。その後のヴェルサイユ条約でそれが撤廃されなかったことから五四運動が勃発した。最初は主権を守ることから始まった運動は徐々に民主化運動となって、中国での民主意識が高まる第一歩ともなったわけです。

ポッティンジャーは演説で、五四運動において民主主義を求めて弾圧された活動家たちの行動を讃えた。中国では五四運動、五四精神といえば、イコール民主主義のことですから、この演説は明らかに中国国民へのアピールです。要するに「中国人は今こそ五四運動の精神を受け継いで、民主主義に戻ろう」。ホワイトハウスは中国国民に対して「立ち上がれ！」というメッセージを送ったことになります。

従来のアメリカはこういうことはしなかった。ポッティンジャー演説は「中国共産党打倒」を中国国民に呼びかけたことになり、アメリカがある意味、すでに一線を超えたことを示しています。あるいはルビコン川をアメリカは渡ってしまったのだと。

明らかにホワイトハウスの今の立場は中国国民と中国共産党とを分けて、「共産党が敵」ということを明確に打ち出した。逆に中国国民と連帯するというわけで、これはけっこう大きな出来事だったと思いますね。

あまりにも硬直的になった中国外交

田村　それで中国外交部の趙立堅副報道局長が激怒していたのか。

石平　あの人は今、中国で戦う狼と言われています。戦闘外交官。ようするに、もう外交官の外交儀礼は何もありません。

田村　あの日本大使まで務めた王毅《おうき》外交部長も含めて、みんなそれで統一している気がする。

石平　もう狼そのもの。それで上から褒められるのですから。だからどこへ行っても、戦闘姿勢を崩さない。ネットは好戦姿勢を鮮明にする外交官を「戦狼外交官」と名付け、もてはやしています。

趙立堅副報道局長はツイッターに「新型コロナウイルスは米軍により武漢に持ち込まれた」と書いて、アメリカを怒らせた人物ですね。毎回、外務省の記者会見で、欧米の政治家やマスコミを罵倒《ばとう》することで知られる名物男です。

趙立堅副報道局長の先輩で報道局長の華春瑩《かしゅんえい》も、女性ながら負けてはいない。3月2日の記者会見で、中国政府発表の新型コロナ感染者数の真偽についての質問に対し、彼女はこの一つの質問に10分以上を費やして反論した。

そのなかで彼女は、ペンス副大統領やポンペイオ国務長官までを引っ張り出し、「恥知らず」「不道徳的」「嘘つきの政治屋」などと罵倒しまくりました。

最近配置転換で外交部から去った耿爽《こうそう》報道官も強烈でした。3月20日の記者会見で、「中国で購入した一部の医療物資から新型コロナウイルスを発見したが、それはいったいどういうことか?」と外国人記者の質問に対し、耿報道官はまず「それは単なるデマだ」と強弁したうえで、逆切れし、「そんなことを言うなら、中国製のマスクを使うな！　中国製の防護服を着るな！」と突き放したのです。

このような暴論が「戦狼外交官」の口から堂々と発せられているのです。

田村　かつての中国共産党は伝統的に統一戦線工作が得意だった。ようするに、ときには柔らかい懐柔の手で、敵の敵を味方にしてやってきたのですが、今はものすごく硬直的だ。

石平　今おそらく日本に対しては統一戦線工作で動いているけれど、世界各地で喧嘩《けんか》を売っている。あれはもう病気。最近の動きだけでいっても、インドと国境を争うヒマラヤ山脈地帯で中印両国軍が衝突し、インド兵が少なくとも20人死亡した。もともと国境紛争でもめていた地域ですが、死者が出たのは過去45年で初めてです。また、中国艦船がベトナムの漁船に故意にぶつかったり、オーストラリアが中国新型ウイルスを調査すると発表したとたん、オーストラリア産の大麦に80％の関税をかけた。次にはオーストラリア産牛肉の輸入を一部停止しましたね。

それから、ニュージーランドが台湾のＷＨＯ総会への参加を支持すると、ニュージーランドを批判。フランスが台湾に武器を売却すれば、フランスに警告。もうようするに全面出撃です。あちこちに敵をつくりまくっている。そうなったらもう統一戦線工作でも何でもない。ようするに……。

田村　やぶれかぶれだな。

石平　こんなみっともない中国の外交を見て、鄧小平は草葉の陰で泣いている。日本に対しても懐柔政策で統一戦線工作を行っているかと思えば、そうでもない。最近は連日のように日本の尖閣の領海も侵犯しています。従来に増して侵犯し、6月16日には尖閣周辺連続渡航が過去最長の64日に並びました。おそらく彼らは何がやりたいかがわからなくなっているのだろう。

昔はよく、中国の外交には戦略性があるといわれていたけれど、今は戦略も何もない。北朝鮮のほうがまだ戦略を持っている。

田村　戦後の中国共産党の外交史から考えると、初めてですね、ここまでやるのは。

石平　いや、一時期あったのです。毛沢東の文化大革命のときです。ニクソン訪中の前のことでした。アメリカと喧嘩をして敵対し、ソ連とも敵対。西側諸国とも共産主義陣営とも敵対していた時期がありました。あの頃の中国の唯一の友達がアルバニアだった（笑）。

私の子供時代に毎日聞かされていたのが中国とアルバニアとの鉄の友情関係でした。しかし地図で調べたら、アルバニア？　そんなちっぽけな国しか友達がないとはと、逆に心配が募りました。

田村　それは石平さんがいくつの頃ですか。ハナタレ小僧ぐらいの頃でしょうか？

石平　１９６０年代、とにかくやっと転機が訪れたのは71年に中国がさまざまな第三世界の国々の提案で国連に復帰してからです。

田村 ああ、ニクソンが訪中したのが1972年だから、そのあとですよね。

石平 ニクソン訪中で初めて脱出できた。それまでの5〜6年間も、世界各国に喧嘩を売って、北朝鮮とまで喧嘩していた。唯一の友達はアルバニア。今でもちゃんと覚えています（笑）。習近平はますますそういう方向に向かっていくのです。

田村 今、習近平の唯一の友は日本の二階俊博（自民党幹事長）さんかもしれない。

石平 そうですね。北朝鮮でさえ習近平の話をちゃんと聞かないし、友達はカンボジアのフン・センと日本の二階さんくらいでしょう。おお、もう一人いました。WHOのテドロス事務局長。世界のなかでここまで孤立したら、やっぱり良くない方向に向かう。要するに、暴走が一番怖い。

李克強の宣戦布告か？

田村 だけどね、北京の党中央のなかでも、当然のように、「それはまずい」って思う幹部連中がいるはずなのですが……。

石平 一時期は王岐山《おうきざん》が注目されていたけれど、習近平の個人独裁体制をつくったのはもともと王岐山ですからね。王岐山は習近平とは本気で戦うことはしない。それに王岐山はすでに政治局にはおらず、名誉職以外の何物でもない副主席になっています。

田村　そうだよね、リタイヤしているも同然です。では、首相の李克強なんかはどうですか？　仰天発言をしましたね。

石平　あれには私も驚きました。あの発言は5月29日まで行われていた全人代の閉幕式のあとの記者会見でのものですが、中国の14億の人口のうち、６億人の人々は月収が１０００元（約1万5０００円）程度の貧困層であると暴露したのです。総人口は14億人でも14歳以下の人口を除けば12億人未満で、その約半数が月収１万５０００円で生活していることになる。日本で生活保護を受けている人だって、こんなに少なくないでしょう。それが6億人というのですから、その異常さがわかろうものです。

ただここで大事なのは、このタイミングでこのような発言をした李克強の政治的意図です。私は習近平への「宣戦布告」ではないかとみています。

というのも、しかも中国国家統計局が２０２０年の1月にした報告によると２０１９年の一人当たりのＧＤＰは１１０万円だったはずです。月収１万５０００円ということは年収にして18万円で、１１０万円との落差がありすぎる。つまり中国政府の発表は嘘だということを首相自らが認めたことになる。もっとも、李克強自身が中央政府の発表する数字を信じていないことを過去に発言しています。

田村　いわゆる李克強指数ですね。

石平　そうです。２００７年で、まだ李克強が遼寧省の党委員会書記であったときに、中央政府のＧＤＰ成長率など信頼できないとし、鉄道貨物輸送量、銀行融資残高、電力消費の推移に着目して省内の経済状況を把握していると、米大使に答えていた。この三つの指標がのちに「李克強指数」といわれるものです。

しかしより重要なのは、習近平にとって「脱貧困」は２０２０年までに達成目標を掲げていた看板政策であり、その目標が実現不可能であることを李克強が示し、習近平のメンツを完全に潰したという事実です。

習近平政権は２０１２年から始まりますが、「脱貧困」は14年から言い出し、翌15年に２０２０年まで人民全員を貧困から脱出させて小康社会をつくるというのを政策目標にかかげてきました。習近平はこれまで毎年のようにその目標を達成するように大号令をかけ続けてきた。脱貧困こそ習近平政権の看板政策であり、国民との約束でした。当然、最高権力者である習近平の子飼いたちはその目標を達成するために数字をつくります。たとえば、２０２０年の１月に江西《こうせい》省の地方政府の発表だと脱貧困率が99・99％に達していると報道されたりする。もっと具体的にいうと江西省では貧困から脱出していない人は17人だけだと発表しました。誰が信じるかという話でしょう（笑）。江西省は8000万人の人口があるところです。嘘つきにもほどがある（笑）。しかし、これは江西省に限りません。おそらく他の省も同じような脱貧困率の数字を習近平に報告し、おそらくその腹積もりでは、2020年の年末で誇らかに中国人民が貧困から脱出したと宣言するはずだった。それを打ち砕いたのが李克強の仰天発表です。これにより、習近平がもくろんだ偉大なる業績は完全についえた。月1万5000円で生活している貧困層が6億もいて、たった7カ月で達成できるはずがありません。李克強は当然わかってやっているはずです。私が李克強の習近平への「宣戦布告」ではないかと、いうのはそういう意味です。

習近平に潰された李克強の「露店経済」

石平　同会見でもう一つ李克強の面白い発言があって、6月初旬から、突如中国で脚光を浴びた「露店経済」でホットな話題となったのですが、これも李克強が言い出したのです。

中国の就業（雇用）問題に言及した際に、彼は某西部都市を実例に挙げ、「この都市で3・6万軒の露店を設置した結果、一夜にして10万人の雇用をつくり出した」と。

6月1日にも、李克強は山東《さんとう》省煙台《えんたい》市を視察した際、街角の露店の店主に声をかけ、「露店経済は雇用機会を生み出し、国家の活力の源である」と「露店経済」という言葉を使って絶賛したのです。

それからの1週間、「露店経済」の言葉が独り歩きして一躍、世間の脚光を浴びた。テレビや新聞や経済誌がそろってこの話題を取り上げ、「露店経済の雇用効果」をめぐって熱い討論を交わす一方、「露店こそは中国経済の干天の慈雨だ」と、「露店経済」礼賛のキャンペーンを展開し始めました。

ただこれは一時のことで、すぐに潰されます。

同月7日、北京市共産党機関紙の北京日報は社説を掲載して「露店経済は北京にふさわしくない」といい、「露店経済」をきっぱりと拒否しました。それに続いて、中央テレビも連日のように「露店経済」の問題点をさらい出し、「一流の都市では露店経済を進めるべきではない」と断言した。

官製メディアが一国の首相の経済政策を批判するのは異例中の異例です。批判の号砲を最初に鳴らした北京日報の上に君臨するのは、習近平国家主席の子飼い幹部である蔡奇・北京市党委書記であることを考えれば、その背後には当然習近平がいるでしょう。

おそらく習近平からすれば、膝元の北京市やその他の一流大都会で露店が大量に出現するような事態は自分のメンツに関わることでもあるし、李克強が露店経済を提唱したことで庶民の人気を博すようなことは面白くない。ですから習主席サイドは「露店経済」に急ブレーキをかけることにしたのでしょうけど、彼らが代替の失業対策を打ち出した痕跡《こんせき》はない。逆に言えば、「露店経済」に頼らなければならないほど中国経済が苦境に陥っていることを示しています。

普通に考えれば、「露店経済」で一時はうまくいったとしても、一握りの人間で長続きするはずがないですから。

指導者のメンツや人気取りをめぐる政争のなかで、中国危機がますます深刻化していくだけで終わるでしょう。

毛沢東と習近平の違いとは何か？

石平　ただ李克強の問題は、インテリで頭はいいけれど、やっぱり性格が弱い。覇気がない。それでこれまで習近平に圧倒されてばかり、苛《いじ》められてばかりいた。だからといって、習近平に尽くすつもりもない。ある意味では最悪のコンビです。

かつての毛沢東と周恩来のコンビのときは、周恩来が毛沢東にとことん尽くした。毛沢東の尻ぬぐいは何でもやった。しかしその一方、容認できる範囲で毛沢東の失敗をなんとかかバーする。毛沢東にはそういう人物がいました。

毛沢東は、権力闘争と女以外に興味がないですから、国の運営はすべて周恩来が何とかこなしていたわけです。周恩来のような人物が習近平にはいない。かつての周恩来のようにいつでも毛沢東を助けて、助けたあとで自分の手柄とは言わず、すべて「毛沢東が偉い、すごい」と讃える。旦那に尽くした良妻みたいな、都合のいい女みたいな役割の人物が見当たらない。李克強は逆らうこともしないし、習近平を助けることもあまりしたくないわけですからね。

中国共産党の習近平のグループを見渡しても、周恩来的な存在は皆無です。彼が使っている側近の全員は幼なじみ、友達やかつての部下で固めています。ようするに習近平は自分の側近以外信用しないことから、独裁者として最悪のパターンといえます。

毛沢東はそういう意味においては、習近平より何倍もスケールが大きい。毛沢東は人使いが上手でした。同時に使い捨てるのも上手でした。

田村　毛沢東は大きな間違いだったとはいえ、文革を行って、その前は人民公社をつくって大躍進政策を行って、ことごとく大失敗したけれど、共産主義の理想を追いかけていた。

石平　それは疑問ですね。あとでわかったことは贅沢三昧《ぜいたくざんまい》、大の女性好き。そんな奴がどこが共産主義なのかって思います。

田村　『毛沢東語録』でもたんまり金を儲けたらしい（笑）。しかし、莫大な印税の収入があっても、その銭には汚らわしいといわんばかりに触ろうともしなかったって、毛沢東の秘書が回想録で書いていますね。もっとも、毛沢東は現金なぞ不要だったでしょうけど。

石平　ただし、毛沢東がすごいのは、彼がどんなに大きな失敗を犯しても、必ず彼のために尻ぬぐいをする奴がいたことでした。

田村　鄧小平にしても忠実だったからね。

石平　鄧小平は忠実にしてきわめて有能でした。劉少奇《りゅうしょうき》もそう。周恩来はもとより忠実だった。毛沢東はどうしようもない江青《こうせい》みたいなものを重用する一方で、勝負所では有能な人材を使っていました。

たとえば周恩来が病気になると、毛沢東はもう一度鄧小平を起用した。毛沢東は賢いと思います。江青夫人などは政治権力の道具に使うだけで、彼女が国を管理する能力などさらさらないのは認識していた。そういう連中を使って政治闘争を行いながら、一方では必ず有能な人物を使って国の運営を任せていたわけですからね。それが周恩来であり、鄧小平でした。

繰り返しますが、今の習近平にはそれがありません。王毅などは完全に習近平の番犬でしかない。外交も何もわからないし、習近平が誰かを嚙めと言えば嚙むという程度の人間です。

今の中国の外交とは世界全部を敵に回しても構わないというような滅茶苦茶ぶりですから、私としてはだんだん楽しくなってきていますよ(笑)。

漢民族に沁みつく差別意識

田村　当然このまま行くとも思えないので、習近平の中国に余命があるとしたら何年ぐらいとみますか?

石平　それはわからない。まあ、彼が途中でやる気をなくして、自ら諦めて政権を捨てるか、あるいは彼の身に何か起きるか……。

田村　また失業者がどんどん増えて社会不安が高まってくれば、これはもう駄目でしょう。

石平　でもね、政治的にいうならば、国内でそういう状況が深刻になればなるほど、逆に習近平の独裁が必要となる。状況が深刻になればなるほど、習近平にとって代わる人材は出てこない。要するに、とって代わったらもう大変なことになる、貧乏くじを誰も引きたくないわけです。「すべてを習近平に任せるから、あんたどうぞ」という感じ。ここで状況がますますひどくなればなるほど、習近平の独裁が強化されるのです。まあ、中国とはそういう国です。

田村　失業者で思い出したのですが、中国では農村から都市に出稼ぎできた農民工は失業率にカウントされないわけですよね。

石平　当然です。農民工は、定義上は農民で土地を耕すのが仕事だから失業はしないという考えです。要するに、農民は雇われる立場ではないから、中国の建前上、雇用には数えられない。カウントされない。

田村　あとはいくら都市で農民工が働いても、都市戸籍がなかなかもらえないという状況はいまだに続いているのでしょう。それが問題になって、胡錦濤の時代に改善する動きがあったような記憶があります。

石平　実はそれには政府側の思惑が別にあったのです。都市部の不動産バブルを支えるために農民に都市部の戸籍を与えて、「じゃあ、お前たちは都市部で不動産を買え、投資しろ」という思惑がね。

しかし、あとでわかったことは、田舎から出てきた元農民工には都市部に不動産を買って都市戸籍をもらっても、ローンを返せるような仕事がないのです。

田村　それと都市の住民はおしなべて差別意識が高い。農民を蔑視《べっし》しているものね、特にひどいのは上海や蘇州《そしゅう》の人たちで、「あの人はどこの出身で田舎もんだよ」とすぐにそういう話になる。都市部出身でないと差別を受ける。

さらに都市部のなかでも、都心部に住んでいる人は、郊外に住む人を田舎者扱いします。人間は差別をする動物だから仕方ないけれどね。

今はその差別意識が中国に住むアフリカの黒人に向けられて、国際的な問題に発展しています。

石平 実は中国人ほど漢民族ほど差別意識の強い民族はありません。伝統があるのです。中華帝国のなかで漢民族は支配階級です。その周辺にはさまざまな異民族が住んでいるのですが、漢民族が文化の中心であり、漢民族の民族意識が中華思想となって正統とされていた。だから周辺の民族は、みな化外《けがい》の民なのです。

田村 でも、実際には化外の民とけっこう混血しているわけではないのですか?

石平 やっぱり差別をするのです。たとえば、中国は今でも朝鮮民族をすごく差別する。だから本当は、日本人ほど差別意識のない民族はないと思いますね。日本人は別に朝鮮人を差別しているわけではない。ところが、中国人は普通の朝鮮人の話になったら、顔色も口ぶりも差別そのものになってしまう。

田村 朝鮮半島の国々はかつては朝貢していたわけですからね。

石平 逆に白人に対する白人崇拝のようなものが中国にはあります。以前中国でコマーシャルが問題になったことがありましたが、黒人を馬鹿にするコマーシャルで、洗濯機の機能を強調するために、黒人を洗濯機に入れて、洗剤入れて、洗って出てきたのが白人だったというものでした。

田村　きわめてプリミティブというか、素朴なというか……。

石平　日本でそんなコマーシャルを流したら、もうその洗剤メーカーもテレビ局も潰れます（笑）。

江沢民と胡錦濤は鄧小平に指名されたトップ

田村　いつかの石平さんとの話で、万が一だけれど習近平の後継者になるかもしれないと挙げていた胡錦濤の息子の胡海峰《こかいほう》、その後はどうなっているでしょうか？

石平　今は大出世の目はないですね。いまにして思えば、場合によっては共青団の領袖《りょうしゅう》である父・胡錦濤の支持を取り付ける必要が出てくると思い、目をかけた。もはや胡錦濤の支持を取り付ける必要がなくなったのでしょう。

田村　共青団はけっこう正統派という認識があります。若い頃から共青団に入って、共産党のエリート教育を受けたり、いろいろな共産党の計画・策略に参加しているわけだから。

石平　ようするに胡錦濤さんの系統です。ただし、共青団出身者には共通点があって、頭が良くて、インテリだけど、温室育ちのせいか覇気がないというものです。はっきり言って、中国の政治で勝つのはヤクザで、インテリが勝つのではありません。

田村　インテリには無茶なことはできないからね（笑）。

石平　江沢民も胡錦濤もインテリだけれど、自分たちで勝ち抜いてトップの座を手に入れたのではなく、この二人は鄧小平に指名されたからです。しかし鄧小平が亡くなってからは、自分たちで取りに行かなければ勝てない世界になってしまった。

たとえば、記録的豪雨で決壊が恐れられている三峡ダムも総書記となった江沢民が中央で権力を盤石にするために、ダム建設推進の中核だった李鵬《りほう》と手を結ぶための「負の遺産」です。今や三峡ダムは中国共産党にとって頭の痛い問題で、一説にもし決壊すれば、6億人の命を奪うとも言われて、下手したらこれで中国という国が崩壊するかもしれません。

もともとこのダムは建設当初から危険性のため中国でも反対されていました。たとえば、ドイツ在住の王維洛《おういらく》氏の指摘によると、三峡ダムには洪水防止の機能はないといいます。面白いことに、三峡ダムの洪水防止機能に関する中国政府の宣伝はどんどん変わっていったのです。2003年には「三峡ダムは1万年に1度の洪水を食い止めることができる」だったのが、2007年には「1000年に1度の洪水を妨げる」、08年には「100年に1度の洪水を食い止める」、そして、10年には「20年に1度の洪水を食い止める」まで防止機能が下がっていった。1万年に1度の大洪水を食い止めると宣伝されたものが、いつの間にか20年に1度の小洪水に縮小された。そして今揚子江で起きている洪水は「80年に1度」といわれているものなので、三峡ダムでは対応できない（笑）。

もう一つ、王維洛氏の指摘するのは、ダム自体が欠陥工事だったのではないかという疑いです。三峡ダムの工期は17年間に及びましたが、前期工程の施工品質は非常に劣り、ダムの右岸部分や基礎の下部には空洞が多い。空洞はコンクリートを流し込んだときにできたもので、当時のコンクリートの攪拌《かくはん》や温度処理が不十分であったため、熱膨張と冷収縮によって堤体の中に空洞が形成。空洞部分は後にひび割れとなって漏水を引き起こす。三峡ダムではすでに漏水が発生しており、その状況が深刻になればダムの廃棄が必要となりますが、それも簡単にはできない。

権力闘争の産物だった三峡ダム

石平　話は脱線しますが、なぜ、あのような厄介な三峡ダムができたのか、歴史的経緯の話をしましょう。

三峡ダムの計画ができたのは、１９５６年、毛沢東時代の共産党政権下で「長江企画弁公室」を設置したことから始まります。ダム建設のための調査・立案を開始したものの、58年、毛沢東の工業担当秘書長・水利電力部（省）副部長だった李鋭《りえい》氏が強く反対したため、毛沢東も慎重論に転じます。その後、文化大革命中には企画自体中断していました。

ダム建設の立案が再び始まったのは、１９８０年からの「改革・開放時代」。推進派の若手中核は当時電力工業部（省）部長だった李鵬です。李鵬こそダム建設のキーマンでした。

田村　李鵬さんは２０１９年にお亡くなりになりましたね。民主化運動を弾圧し日本に対してもあんな国は20年後にはなくなるとうそぶいた。

石平　李鵬は１９４８年からソ連に留学し、モスクワ化学動力科学院水力発電学部で勉学して、帰国後は東北電管局所属の豊満水利発電所で勤務します。

１９７９年から電力工業部副部長（次官）、電力工業部長（大臣）、水利電力部副部長を歴任。１９８３年に国務院副総理（副首相に就任）、１９８７年に国務院総理（首相）、共産党政治局常務委員に就任しますが、首相になるまでに一貫して「水利・電力畑」を歩き、中国における「水利・電力閥」のボスで、前述したように三峡ダム建設推進の中核です。

ところが、三峡ダム建設はいったん挫折します。

１９８９年3月の、全人代で２７２名の代表の名の下に三峡プロジェクト早期実施に反対する報告書が提出された。その結果、筆頭副首相の姚依林《よういりん》はダム建設を少なくとも5年間延期することを表明します。つまり延期は、当時総書記だった趙紫陽の意向で、李鵬にもどうにもできなかった。

事実上棚上げにされたはずのダム計画が急変したのは、天安門事件が原因です。ダム反対派の趙紫陽が学生たちの民主化運動に同情したとして総書記を解任され、その後任として急遽《きゅうきょ》鄧小平ら長老たちに押されたのが、当時上海のトップだった江沢民でした。先にも述べたように、地方にしか人脈がない江沢民が、中央での権力を握るために選んだ連携相手がすでに中央で地位を確立していた李鵬だったわけです。つまり三峡ダムは江沢民・李鵬体制によって生まれたのです。

三峡ダムの危険性を熟知していた胡錦濤

石平　1989年7月、江沢民氏は三峡ダム建設予定地を視察しています。天安門事件で問題が山積しているさなかに。翌90年7月、「国務院三峡プロジェクト審査委員会」を設立し、1992年4月、全国人民代表大会において「三峡ダム建設決議」が可決。ここで正式に決まりました。

１９９３年1月、国務院三峡ダム建設委員会設立、李鵬が主任に就任。１９９４年10月、江沢民主席は再び三峡視察。同12月、李鵬首相が着工を宣する。江沢民・李鵬によって進められたのですが、党内にも強硬な反対意見があった。

１９９２年4月、全国人民代表大会において「三峡ダム建設決議」が可決されたとき、賛成票１７６７票に対し反対票は１７７票、棄権は６６２票。共産党支配下の全人代で大量の反対票・棄権票が出ること自体前代未聞の異常事態です。１７６７票の賛成票の大半はそもそも本心からの「賛成」ではなく、党の命令に従っての投票にすぎない。

これがどれくらい異常かというと、実際にダムが完成したのは２００６年5月、つまり胡錦濤政権に移行していましたが、三峡ダムの式典に中央指導部からの参加者がゼロだったことからもわかります。ある意味では前政権に対する集団的ボイコットをした。特に冷淡だったのは胡錦濤でした。実際、胡錦濤は国家主席中に三峡ダムを訪れたことはおろか、言及したことさえない。実は胡錦濤は精華大学の水利工程学部卒業、甘粛省劉家峡ダムで勤務した経験がある、水利専門家です。だから、三峡ダムの危険性を熟知していたのでしょう。結局、これも権力闘争の一環といえるでしょう。そして、その犠牲となるのは中国国民です。

権力闘争の申し子の習近平

田村　習近平のお父さんもけっこう立派な人だったという話ですよね。言わずと知れた中共建国時の八大元老の一人の習仲勲《しゅうちゅうくん》。

石平　習仲勲は開明派で、気骨がある人物でした。たとえば胡耀邦が長老たちから攻撃されたとき、唯一胡耀邦のために弁護をしたのが習仲勲だった。だから、習近平がどうして今の立場を得られたかといえば、やはり親の七光りが大きかったと言わざるを得ません。

彼の父親の評判が良いから、しかも党内のさまざまな派閥から信頼されていた。それが習近平の大いなる財産となって、彼は大学を卒業すると解放軍長老で副首相だった耿飈《こうひょう》の秘書になったのも、それが大きかった。

それでしばらくしてから、幹部として河北省、福建省、浙江省を回っていますが、キャリアの大半は福建省でした。けれども、目立った業績はほとんど残していません。しかし、福建省で江沢民派の人間とつながった。それが江沢民派の有力幹部で福建省党委員会書記の賈慶林《かけいりん》でした。彼の眼鏡にかなったのです。

ちょうど同じ時期に出会ったのが、江沢民政権のキーマンであり懐刀であった曽慶紅《そけいこう》でした。曽は習近平と同じ共産党第一世代の高級幹部の息子で、習近平にとり兄貴のような存在。習近平は曽慶紅を通じて江沢民に可愛がられるようになります。

習近平が中国共産党トップに登り詰めるまでの一般的評価は、「実務能力はあまりない。しかし、人当たりが良い。人懐っこい。かわいい」というものでした。人畜無害みたいなイメージでしょうか。

それで江沢民派は、習近平を胡錦濤の次のトップに推すことに決めた。というのは、鄧小平に自分の後継者は胡錦濤であると指名され、江沢民は非常に不本意だったからです。しかし江沢民は、いくらなんでも鄧小平の意思に逆らうことはできないから、政権を不承不承、胡錦濤に渡した。けれども江沢民としては、胡錦濤政権の次のキングメーカーは自分がなると考えていた。

胡錦濤がもともと後継者にしたかったのは、共産主義青年団出身の李克強だった。江沢民はこの李克強を潰すために、習近平を最高指導者候補に立てたのです。それで江沢民派が勝って、習近平がトップに立った。しかし、今それを一番後悔しているのは江沢民なのです（笑）。

田村　なぜ、習近平は恩人である江沢民に牙を剥《む》いたのでしょうか？

石平　中国共産党のなかで生き抜くための哲学は、恩人だからこそ牙を剥かなければいけない。これですよ。恩人を倒さないと永遠に頭が上がらないでしょう。最高権力者にとり、恩人ほど厄介なものはないからです。口を出してくる恩人には頭が上がらない。だから、そいつを潰さないといけない。恩人だから切るわけです。

田村　江沢民派の賈慶林は腐敗撲滅で大丈夫だったのですか？

石平　賈慶林は幸い罪を免れた。曽慶紅も免れた。むしろやられたのは、江沢民派が胡錦濤政権の中枢に送り込んだ連中がやられてしまった。その代表格は石油閥を仕切っていた周永康《しゅうえいこう》でしょうか。

習近平政権は1期目の5年間は、むしろ胡錦濤派と手を組んだ。胡錦濤にしてみれば、10年間ずっと江沢民派の周永康などに苛められたから、習近平と手を組んでそういう連中を一掃したかった。胡錦濤は自分の息子を習近平に引き立ててもらえるのではないか、李克強にも活躍の場を与えてもらえるのではないかと期待していたのだろうが、最後は誤算に終わりました。すべて習近平に持っていかれたわけですから。

そういう意味では、外交戦略とか先見性において習近平はまったく愚かだけれど、権力闘争のコツはわかっているのですね。彼が胡錦濤たちと違うのは、子供の時代から権力中枢のなかにいて、さまざまな話を聞いてきたから、権力の〝本質〟を理解しているのです。

田村　文革の最中、いろいろと経験したわけだからね。

石平　共産党の高級幹部の子息だった習近平は、市井の中国人が知らない共産党内の暗部や非常に生々しい権力闘争の話を大人たちから微に入り細に入り聞いているから、昔から権力闘争のコツがわかっていた。要は、喧嘩の仕方を身につけていたわけです。

一方、胡錦濤たちは昔から優等生で育ってきているから、本当の権力闘争はわからない。李克強もエリートだけれど、庶民の子だから、そういうことはからきしわからない。

習近平の強みはそこですね。権力闘争にはいくつかコツがある。まずは恩人を潰す。とにかく強気で押し続ける。権力を独断で押せば押すほどみながなびいてくる。

田村　退いたらだめだ。退いたら敗ける、ですか。

石平　そうそう。結局、ヤクザの組長の力学とそんなに変わらないものなのだ。

田村　そうすると、政治局常務委員会の集団指導体制は機能するはずもない。

石平　もはや空中分解の体です。常務委員会は習近平の独壇場という状況になっています。

習近平を選び後悔する江沢民

田村　権力闘争といえば、ある時期まで習近平と出世争いをして、今は無期懲役の身にまで転落した薄熙来はどうしているのかな。

石平　薄熙来は習近平とまったく同じタイプだけれど、習近平よりは格段に演技力に優れていますよ。もし薄熙来が中国のトップになっていたら、外交に関しては習近平よりもうまくやるでしょう。薄熙来はヤクザの部分と八方美人の部分、その両方を併せ持っている人物だと思います。

田村　人騙《だま》しはうまいよね、彼は。実は薄熙来とは直接会ったことがあります。

天安門事件が起きた1989年、9月の初めでした、日本新聞協会で「中国教育事情視察」というプロジェクトがありまして、当時、私が編集委員を務めていた日経新聞から参加したのです。「中国の専門外だから嫌だ」と抵抗したのですが、なぜか私が指名された。行先の一つは遼寧省大連《だいれん》市でした。大連の会場で同じテーブルだったのが当時、大連市の副市長だった薄熙来でした。彼とは同年代で、留学経験がないのにけっこう英語ができました。私と二人で英語でバリバリいろいろな話をして、すっかり打ち解けました。

彼が繰り返し言ったのは、「天安門事件は権力闘争なんだ。あれはね、右も左も、白も黒もありません。あれは権力闘争なんだ」って。（笑）

周囲の監視を気にして、差し障りのないことばかり言う党幹部が圧倒的に多いなかで、質問をそらさずに答え、物腰が洗練されていたのを今でも覚えています。

石平　中国共産党が習近平を選んだ、トップに担いだのは、中国にとり運の尽きというか、最悪の選択でした。薄熙来ならば、路線は習近平と同じでも、もっと上手にやったと思います。

あるいは李克強を選んだら、中国は別の道に行ったかもしれません。もうちょっと開放的、開明的、穏やかに国を運営したでしょう。それでも長期化すれば、それは危険です。田村さんが言われたように、李克強なら、さらに10年くらい本性を隠して国際社会を騙し続けたでしょう。

田村 やはり誰がトップになっても、共産党独裁で行くという流れを守らなければならないからね。

石平 習近平は頭が悪いくせに戦う精神のみが旺盛で、隠すこともしない。それが中国共産党の野心、野望、本質を自ら曝《さら》け出して、アメリカはじめ、全世界を敵に回していき、袋小路に追いやられています。おそらく江沢民は死んでも死に切れない心持ちではないでしょうか。

古き良き時代だった胡錦濤政権の時代

田村 リーマン・ショックが起きたのが2008年9月、その直後に中国政府は「4兆元の経済対策」を打ち出したことは前に述べました。この大規模な内需刺激策により、中国経済は世界に先駆けて持ち直した。そして2010年に中国はGDPで日本を抜いて、世界第2の経済大国になったでしょう。その翌々年、習近平は党総書記になり、中国の舵取りを任された。

石平　今思えば、習近平にバトンタッチする前の胡錦濤時代はある意味、中国改革開放以来の一番の黄金期でした。北京五輪も上海万博も成功させたあの10年間は、大半の中国人にとって古き良き時代に思えるだろうね（笑）。アメリカ国債もどっさり購入した。

田村　だから2009年1月に発足したオバマ政権になり、ヒラリー・クリントン国務長官が真っ先に外遊したのは中国でした。彼女、そのときに「アメリカ国債のお客さんに私は頭を下げなきゃいけないのか」とつぶやいた。

石平　北京五輪前後あたりから胡錦濤時代の第2期における中国の外交関係は順風満帆といえました。日本とも尖閣問題で衝突するまではけっこううまくいっていた。

ただ、胡錦濤政権の10年間は良いことばかりではなく、腐敗がどうしようもないほどひどくなりました。腐敗は江沢民時代からすでにさかんになっており、それは江沢民が政治基盤を固める手段として腐敗を使っていたからです。

江沢民には軍の経歴もないし、上海の書記から中央にいきなり呼び出されたことから、党内に何の権力基盤もなかった。結局、江沢民は幹部たちに「お前たちは適当に腐敗して構わないよ。ただし、俺の話を聞き、俺を盛り立ててくれ」、そういう方法でしかまとめられなかったのですね。

次の胡錦濤にはいったん許した腐敗を抑える力などそもそもなかったから、みんな腐敗のしたい放題という状況をつくってしまった。腐敗が経済の潤滑油となり、一方で腐敗のできない民衆は怒り心頭に発した。

田村 共産党幹部が腐敗で得た、無税のとんでもない額のお金が経済を回したわけだ。

石平 そして次の習近平は、腐敗が蔓延《まんえん》したことに対する庶民たちの不満を利用した。腐敗撲滅を政争の武器として利用し、政敵を屠《ほふ》っていった。腐敗摘発の先頭に立って習近平に尽力したのが王岐山でした。

とにかく習近平が最高指導者の座に就いてからすでに8年が経った。はっきり言って、腐敗撲滅は別として、経済、内政、外交など何もかもすべてにおいて悪くなってしまった。おそらく大半の中国人はそう感じています。8年前に米中関係がここまで悪化するとは誰も予測できなかったでしょう。

中国側の謙虚な姿勢にまんまと騙された西側諸国

田村　結局、中国をここまで経済的に増長させたのはアメリカと日本で、とりわけアメリカの貢献が大きかったと思っています。

石平　ようするに、アメリカはとにかく中国が成長、繁栄すれば良い国になると、天真爛漫《てんしんらんまん》な思惑を抱いていたということですよね。

田村　米ソ対立でレーガン政権のとき、アメリカはソ連に対して冷戦を強化し、チャイナカードを切った。80年代中頃、たとえばＩＢＭの大型コンピューターの中国への輸出を許可しているのです。

たしか１９８４、5年でした。私がワシントンに駐在していた頃、自分がスクープしたから明確に覚えています。１９５2年に対中国輸出統制委員会（ＣＨＩＮＣＯＭ（チンコム））が特設された。対中国版のココムというべきものでした。対中国禁輸政策が強化され、それがずっと続いていたのです。

石平　同じ頃、東芝のココム（ＣＯＣＯＭ）事件が発生したような記憶があります。

田村　あれも同じ時期ですよ。当時のアメリカは日本にはけっこう厳しかったのですが、中国に関しては特別に緩くしたんだね（笑）。

石平　胡錦濤政権時代の話に戻すと、西側の価値観については対抗しないという認識が横たわっていました。〝表向き〟はね。われわれは西側の普遍的価値観、民主主義、自由などに関してはすべて認める。それらは素晴らしいものだけれど、中国には事情があって、すぐにそうはなれない。そういう態度を取っていましたね。要は西側の価値観を拒否するのではなく、それがいいものなのはわかっている。ただし、われわれはまだそうしたレベルに達していない、と非常に謙虚な姿勢を見せていました。

西側諸国はそれにまんまと騙された。アメリカもいっぱい食わされて、それでは中国を支援しようという按配になりました。

田村　中国にまずは経済成長をしてもらい、われわれの価値観を受け入れるまで待ってやろうと考えたわけだ。

石平　ただし、胡錦濤政権時代は社会主義価値観というものを打ち出して、そこに自由も民主主義も放り込んだ。でも、「われわれはまだレベルが足りない」と謙虚な態度に徹していると、西側諸国からは好かれるわけです。けれども、習近平時代になると、態度や物言いが一変した。われわれのほうがレベルが高い。お前たちは人種差別をしているだろう。われわれの価値観を受け入れろ。

田村　そうそう。アメリカこそ人権を無視していると。

石平　その場合人民日報はどういうふうに書くかというと、「習近平の思想が世界の方向を導く」とするわけ。誰が習近平に導かれるかよ。誰も頼んだ覚えはないよ。さらに人民日報は「習近平思想が世界の未来に明かりを与える」と続けます。

本当に馬鹿馬鹿しい限りなのですが、こうした記事は習近平が指示したのではなく、彼の周囲が忖度《そんたく》して、顔を立てているだけなのです。それで習近平はいい気分になる。しかしそんなことを記事にして出したらアメリカはどう反応するか、誰も考えていません。

そうか、それほどまでに習近平は崇められているのかと、アメリカは本気で危険性を感じますよ。結局、アメリカは普段はおおらかで天真爛漫な面があるけれど、いったん敵に回したら、これほど怖い国はない。

田村　怖いよね。日本だって2度潰されましたからね。大日本帝国を潰され、プラザ合意でまたやられました。

石平　旧ソ連がやられて、次は習近平の中国が潰される（笑）。

段階的に中国の門戸を開いていこうと考えていたアメリカ

田村　経済の話でいうと、アメリカに対する同時中枢テロ事件があったのが2001年9月11日でしょう。その数日前にブッシュ政権の初代の財務長官、ポール・オニールが訪中した。そのときのテーマとは中国の通貨と金融制度の改革についてでした。中国にはこれらの門戸開放が必要で、なかでも中国の人民元と米ドルのペッグ政策がおかしいという声がアメリカのなかでずいぶん聞こえていたのです。

それでオニール財務長官が訪中し、中国側も王岐山や財政部長らがカウンターパートとなり、人民大会堂で話し合ったわけです。その様子がオニールの回顧録に出ていて、非常に面白い。

アメリカ側は中国側に対して、「あなた方が人民元をドルに対してペッグ（固定）しているのはおかしいのだけれど、もしそれを自由化したら中国経済が崩壊するから、それはまだ早すぎる」と説明した。それで中国側もそのとおりだと認めたことから、「わかった。今、中国経済が崩壊しては困る。ゆっくりと時間をかけながら人民元の自由化を進めることにしましょう」と双方は妥協しているのですね。それが2001年当時の米中関係でした。

続いて、中国は2001年12月にWTOに正式加盟しました。

石平　そうですね。あの頃はむしろ、アメリカが中国の崩壊を怖がっていました。それで中国に心を尽くしてアドバイスして、中国はアメリカのアドバイスをありがたく受け入れていた。受け入れるフリをしていた。

田村　アメリカは徐々に段階的に中国の門戸を開いていこうと考えていた。だから、先刻も説明したように、金融とか通貨のところでは強引にねじ込まずに手を打ったのです。それがずっと続いてきたわけですけれどね。

ただ、その前にこんなことがありました。2001年1月にブッシュ政権が発足して間もない4月、海南島事件が起きた。海南島付近の南シナ海上空で中国国内の無線通信傍受の偵察活動をしていた米海軍の電子偵察機と人民解放軍の戦闘機が空中衝突。中国軍機が墜落し、米軍偵察機は至近の海南島の飛行場に不時着した。米軍パイロットらが身柄を中国に拘束され、その後、両国の非難合戦となったのです。

当時のブッシュ政権のセキュリティー担当には対中強硬派がいて、彼に事件から数カ月経った頃、ワシントンで取材に応じてもらいました。すると彼はこんなことを言っていた。「ここでブッシュ政権が中国に頭を下げたり、譲歩したりしたらとんでもないことになるから、われわれは強硬手段を取る」。これはどういうことかというと、共産党内の突き上げで江沢民のほうが弱り果てて、ブッシュ大統領に何度も電話をしてくるそうなのです。彼は大統領に「江沢民からの電話は絶対に出ないように」と釘を刺していたといいます。

そうした状況がずっと続き、ほとぼりの冷めた9月、先にもふれましたが、そこでようやく通貨や金融の分野で折衝するため、オニール財務長官が訪中したのです。

石平　今思えば、隔世の感がありますね。まあ、それはアメリカにとっても良かったのではないでしょうか。そんな事件が習近平政権のときに起きたら、大変なことになっていましたよ。オバマ政権の時代、習近平は新型大国関係、米中G2時代をけしかけてきましたからね。それは世界にとり悪夢でしかない。民主主義国家とナチスドイツがG2体制を敷くのだから。

だが、さすがにオバマでさえ乗らなかった。むしろ、オバマ政権時代はリバランス戦略を持ち出して、ベトナムとの関係を劇的に改善したでしょう。アメリカが中国の封じ込めを意識したからでした。

田村　それまではなかなか、口では言っても、アクションは何も取らなかったのがオバマ政権でした。

日中平和友好条約が締結された良き時代

田村　隔世の感といえば、私が初めて中国の地を踏んだのは1980年の冬、日中平和友好条約が締結された2年後のことでした。鄧小平が改革路線を打ち出して、日中経済閣僚会議がスタートしていた。

石平　その当時は日本経済新聞にいらしていたのですよね。

田村　ええ。日経の上層部から日中経済閣僚会議の同行取材に行ってこいと言われて、それでホイホイと北京に行ったのです。それから各地を回らしていただいた。

冬の北京の記憶に残っているのは、どこの飯店（ホテル）もオフィスビルも民家も石炭暖房を焚《た》くので、もういつも空が真っ黒で、石炭のにおいが街には充満していました。

石平　（笑）あの頃からもう始まっていたのですね。

田村　暑くてしょうがなかった。寝られやしない。

石平　そうそう、あれは調整できないからね。それでどうしました？

田村　それであまりにも暑いので、窓を開けて寝たのですよ。それほど暑かった。

石平　えー!?　でも北京の冬でしょう？

田村　でも、それでようやく眠れました。朝バッと起きて洗面所で顔を見たらね、真っ黒になっていました。

石平　ワハハハ（笑）。

田村　もはや今の北京は、人が住む街ではなくなってしまった。昔の北京はなんだかのどかで良かったような気がしますね。中国の風情がまだ残っていて、いくつも胡同（フートン）といわれる昔ながらの生活や情緒を感じさせる細い路地があるのですね。そこを毎日のように散歩していました。

石平　あの頃は、飯店にも当然クーラーがなかった時代ですよね。

田村　もちろん、なかった。

石平　人民服とあとは自転車の巨大な群れでしょうか。

田村　そうそう。綿入れの分厚い人民服と自転車にある種の感動を覚えました。でも、今北京に行くとなにか憎らしいわけです（笑）。

石平　（爆笑）今は自転車に替わって、高級車ばっかり走っていますからね。ところで、最初に中国に行かれたときには、北京以外にどこを訪ねられたのですか？

田村　記憶をたぐり寄せると、たしか山西省の大同市郊外にある中国の三大石窟の一つである雲崗《うんこう》石窟を見学しました。この地は明《みん》代には平城と呼ばれたそうです。多くの民族の入れ替わってきた歴史を持つことから、多民族大同団結の意味で「大同」と名付けられたと聞かされました。

ここは中国有数の炭鉱を持つエネルギー都市なので、われわれ視察団は大同炭鉱の案内を所望しました。いろいろと見て回ったのですが、一カ所だけかたくなに見せてくれないところがあった。

石平　なるほど。あの頃の中国政府は日本にはものすごく配慮していましたからね。今とは真逆です。その当時は日本のODAや円借款、日本の技術が喉《のど》から手が出るほど欲しかったのですから、日本人のお客さんを不快にさせてはならないと、きつく言われていたのでしょうね。

田村　そうです。配慮しているから、見せようとしない。「見せろ、見せろ」と無理矢理ねじ込んで見せてもらったら、そこは旧日本軍が中国人の炭鉱労働者をこき使っていた現場に蠟《ろう》人形を置いていた展示室でした。

それからうっすら覚えているのは、おそらく東北の遼寧省でしたかね。満州国の首都だった、今の吉林省の長春ではなかった気がします。都市の名前は忘れたのですが、そこの人民公社を案内してくれたのです。まだ人民公社がありましたから。

石平　そうですね。でも、そろそろ解散の時期だったかもしれませんね。

田村　そうしたら外国からのお客だというので、料理が抜群においしかった。北京の飯店のレストランよりもはるかにおいしかった。これは妙にはっきりと記憶に残っている。

石平　いやそれはね、皆さんが行かれる前の1月前から準備をしているのだと思います。おそらくコックさんもね、人民公社の人ではない。共産党の上のほうから命じられて派遣されてきたのではないかな。

田村　われわれとしてはかえって申し訳なくてね。みんなこんなに慎ましい生活をしているのに、われわれがこんなに豪勢なおいしい料理を……。

石平　人民公社の人たちはそんなに豪勢な料理を食べた経験はないでしょう（笑）。おそらく皆さんの食材は共産党の上から特別に配布されたと思います。当然ですが、普段はそんな豪華なものは出てきません。

田村　そうしたらね、さっと料理が出るでしょう。けっこうな量なので、もちろん食べ切れないこともあるけれど、こっちは貧乏育ちだからね。残したらまずいと思いつつも、やっぱり食べ切れない。

石平　あの頃の人民公社の人は、お客さんが料理を残してくれることを密かに期待していたと思います（笑）。

田村　（笑）それがディナーの後半になってくると、なんだか様子が変なのですよね。皿がさっと出てね、さっと取り下げられるのです。

石平　そうそう。みんな待っているんだもの。

田村　皿がさっと取り下げられて、新しい皿がぱっと来て、パッと取り分けてくれる。こちらが食べ切れなくて「ごめんなさい」と言うと、また新しい料理が運ばれてくる。

石平　田村さんは謝ることは全然ありません。みんな喜んでいたはずです（笑）。

田村　そんな中国がまさか今のような姿になるとはアメリカじゃないが思わなかったな。

第7章

米中デカップリングという葛藤

日本の新聞社が親中なのは商売の関係

石平　2013年当時、私は東京のテレビに出ていたのですが、周りのメディア関係の人たちは異口同音に「もはやG2の時代だ」とまるで確定したかのような口ぶりで言っていました。

その関連で一つお聞きしたいのが、なぜ日本の新聞メディアには親中的なところが多いのでしょうか？

田村　日本経済新聞の場合は、中国の文化や美術品などに対して、ビジネス上の利害がありました。日経新聞はとりわけ美術を大切にしており、中国美術の展覧会など主催しているからね。それから「アジアの未来」を語るといった主旨で毎年5月連休明けに、アジアの要人を招くサミットみたいなことをやっています。まあ、社のトップがダボス会議の日本版みたいなものをめざしたのでしょうね。

そのときに中国の要人を呼びたくて、いつも日経総揚げで中国に頭を下げて「どうぞ来てください」と頼み込んでいる。ところが、なかなか北京から大物が来ません。

私が日経新聞の香港支局長時代、香港返還のあった1997年に、本社から「なんとか香港駐在の中国要人に来るように説得してくれないか」と依頼されたので、動いたことがありました。たまたま同じ香港のマンションに住んでいたのが中国銀行の香港代表で、羊子林という恰幅のいい、人のよさそうなおじさんタイプです。とても気さくで、彼のハイヤーに同乗させてもらったこともあります。

そこで中国銀行香港の彼の執務室を訪ね、「日経新聞で毎年こういうカンファレンスを催している。あなたを招待したいのだが、考えてくれないか」と要請したら、「わかった、行くようにするよ」と快諾してくれた。日経側はファーストクラスの航空券から帝国ホテルのファーストクラスの部屋など一切合切の面倒をみました。

結局、中国からのめぼしき人物は彼のみで、北京からは誰も来なかった。だから羊子林氏の存在は、香港返還という歴史的な転換点もあって、金融問題などでまともなスピーチをするだろうと私は期待していました。

私は客席の最前列でどうなるかと気になって、羊子林氏の様子を窺《うかが》っていたのですが、彼はすっかり怯《おび》えており、がちがちの硬い表情で持ってきた原稿を棒読みするだけでした。少しでも党のガイダンスから外れたようなことを言えば、あとで共産党のなかでバッシングを受けて大変な目に遭わされるとでも思っているかのような態度でした。だから無難なことしか言わないのでしょう。

でもこちらは至れり尽くせりの招待でかなり払っているし、香港返還後の中国銀行の戦略とか考え方を聞けると思っていたのに、「なんだこれは」と思ったよね（笑）。ビジネス上の肩書きは立派でも共産党の中央委員になっていない人物を呼んでも、なんの意味もないということがよくわかりました。

日経新聞を含め日本のメディアはとにかく、北京から相手にされていない。共産党の中央委員クラスの人ですら来ない。

石平　ようするに、国際機関が主催者ならば行くだろうけれど、外国の報道機関が主催する集まりには行かないのでしょうね。日経新聞も人民日報と業務提携しているのではなかったですか（中嶋嶺雄『超大国中国の本質』）。

田村　定かではないけれど、いろいろなところと提携しているからね。朝日新聞は人民日報と業務提携しています。どの新聞社も中国との商売を意識している。毎年のように中国関係のイベントを行っているので、東京の中国大使館との関係を大事にしている。特に芸術関係はね。

だから新聞社は、メディア以外のビジネスと絡んでいたりする。それが親中的に見える理由の一つでしょう。

もう一つは、特派員を中国に行かせるときに、ビザが下りないと困るわけです。はっきり言って、日本の外務省はそういう点については何も擁護してくれません。

だから、産経新聞だけは立派です（笑）。いつも意地悪されているけれど、それでもめげずにやっているところが産経新聞。他の日本の新聞社は本当に唯々諾々だからね。

人民解放軍参謀本部からお墨付きをもらった産経新聞

石平　産経新聞の人の話を聞けば、けっこう中国の外交部あるいは宣伝部に呼ばれてお叱りを受けている（笑）。当局に呼ばれて、「君たちの新聞は嘘デタラメを書いているんじゃないか」と言われて、「いや書いていないですよ、うちの新聞は」、「いや、書いている」、「じゃあどこがそうなんだ？」と聞いたら、「石平が書いているコラム」だってね（笑）。

それを聞いて、なんだかすごく嬉《うれ》しく、名誉に感じたよ（笑）。

田村　朝日も日経も、時折やられるらしい。牽制球を投げてくるわけだ。

石平　中国国内ではそういうことはよくある。ようするに「お茶でも飲もうか」と誘われたら、大変なことになるという（笑）。産経新聞はよくお茶に誘われるのだろうね。

田村　ただ面白いこともたまにはありますよ。私が産経新聞に移籍したのが２００６年12月で、２００７年に産経と人民解放軍参謀本部との共催のシンポジウムがあって、そこで私は司会をやらされました。

石平　すごい組み合わせだ。

田村　そのときの人民解放軍の参謀本部のスタッフは非制服組で、戦略を考える部署。すごく柔軟な考え方をするエコノミストやアナリストが集まっていました。司会を務めた私は、食事の場で彼らと話し込んだのだけれど、みんなとてもリラックスしていた。

私が「産経新聞はずいぶんと中国のなかで嫌われているのだが、あなた方は別格ですね」と言うと、「日本の新聞メディアで本当のことを書いているのは産経新聞だけだ。われわれの知らないことを書いているのは産経新聞のみだから、われわれは喜んで読んでいますよ」と返された（笑）。さすが孫子の兵法の伝統が生きていますが、産経を除けば当局の宣伝機関の中国メディアをなぞらえるような日本の新聞は解放軍にすら見放されているのです。

石平　産経は人民解放軍参謀本部のお墨付きをもらったのだ（笑）。

田村　かえって怖いなと思いましたよ（笑）。軍だから戦争になったら戦うわけで、戦うとなったら勝たなくてはいけない。嘘の情報ばかり信じていたら間違えてしまうわけだからね。

石平　ちなみに私も産経で長くコラムを書いていますが、一度だけコラム内容を「環球時報」に70％くらい紹介されたことがありました。もちろん批判的な意味でね。「石平という売国奴が日本の右翼新聞である産経新聞で、次のようなことを書いている」と（笑）。

私のコラムを延々と引用して、最後に「以上。これらのことは全部出鱈目です」と書いていた。出鱈目を引用するなよと思ったね（笑）。それで、下のみんなの書き込みを見たら、「この石平、なかなかいいことを主張しているではないか」って（笑）。

そして大学時代の友達がそれを読んで、「おお、おまえは日本の右翼だと聞いたけれど、けっこうまともなことを書いているではないか」と書き込んでありました。

田村　幅広く見たら、硬直的な党員は多いけれど、この「環球時報」のように柔軟な人たちもちゃんといる。あえて全文ではないけれど掲載して、こういう意見もあるということを知らしめている。まあ、このあたりは巧妙にやっていますね。
でも、あの当時と比較すると、今はそういうゆとりがなくなっている気がする。人民解放軍参謀本部も産経とのパイプは切れたままです。

石平　そうですね。この話も胡錦濤政権時代のときのことですから。もちろん中国共産党の本質は変わっていないけれど、やり方がけっこう変わったんだね。露骨になって、下手くそになった。

田村　硬直的にならざるを得ない。弱みを見せてしまったらおしまいだというのがあるでしょう。

ＳＡＲＳ禍の際にはトップが謝罪した中国

石平　本来ならば、たとえば鄧小平時代はむしろわざと中国の弱みを強調していた。そして西側の同情を得ていた。鄧小平が１９７７年あたりに訪米したときです。私はあの頃はまだ高校生でした。
カーター政権のときで、鄧小平は公然と「われわれは貧乏で取るに足らない国。中国は何もかもが足りない」とわざと言って西側の警戒心を解き、同情を誘っていた。上手だったね。

今はすでにそういう必要はなく、とにかく中国はすべてがすごいという話になっている。中国の新型コロナウイルスの状況についても、「中国では新型コロナウイルスの感染は収まった。けれども、アメリカはあれほど深刻な状況になっている」と、死者数の多さからアメリカを嘲笑《あざわら》うような論調になっています。中国の社会主義の制度が優越で、社会主義だからこそ抑えることができたと言うわけです。

でも、たとえば胡錦濤時代にSARSを抑えることができたときは、そういう論調はむしろ極力避けた。習近平になってから、本当に変わった。何が言いたいかというと、感染が収まったことを大いに宣伝して政権の〝手柄〟にしたいほど余裕がないということです。

たしかSARSのときにAPECがあって、胡錦濤国家主席が参加して各国に謝った。別にSARSでは世界中にそれほど大きな被害を与えていなかった。それでも謝った。習近平は逆で、マスクや防護服を贈った中国に感謝しろと迫った。

田村　それにも飽き足らず、「新型コロナウイルスは米軍が武漢に持ち込んだものだ」とアメリカを攻撃してきています。石平さん、そういう状況になっていて、中国の一般国民は本当に「そのとおりだな」と思っているものなのでしょうか？

石平　そう思っている人は多いでしょうね。たとえば、アメリカのニューヨークで医療崩壊に陥り死者がたくさん出て、イタリアでも死屍《しし》累々で、それを西側は新聞やマスコミの検閲がないから、そういう情報や映像が流されるでしょう。

西側は、自分たちのひどい状況を晒《さら》け出す。それを中国中央テレビ局がその映像を延々と流すわけです。逆に中国国民には武漢で何が起こったか、誰にも見えません。だから中国国民がイタリアやスペイン、ニューヨークの惨状を見ていて、われわれの状況のほうが１００倍以上良いとなるのは、当然のことです。そして結論的には、共産党が偉い、習近平がすごい、ということになってしまう。

中国が出した数字は、本当は10万人死んだか20万人死んだかわからないけれど、あくまでも出したのは４６００人程度。そして西側が出したのは本物の数字。偽物の数字と本物の数字を比べているのではどうしようもありません。

でも、映像の力はすごいよね。ニューヨークの惨状をＣＣＴＶ（中国中央テレビ）が喜んで毎日放映するのは、ここのテレビ局の伝統です。たとえば、同じ日に外国で大洪水が起きて都市部が水に浸かったら、それを大々的に放映する。でも、同じ日に中国でそれを上回る洪水があったとしても、その情報はＣＣＴＶには出ない。ただ中国国民はときには、「このＣＣＴＶはどこの国のテレビ局なのだ。外国の災害ばかり報道して、自国の災害は報道しない」と言っていますけれどね。

コロナで帰国したことを後悔する中国人

石平　いや、日本人も一緒でしょう。毎日ワイドショーばかり観ていると、すべてそうだろうと思うものです。

田村　では、中国国内では武漢で発生して、ここまで広がったという意識はあまりないのですか？

石平　当初はありました。ようするに、欧米諸国でそれほど深刻にならなければ、中国国民は中国政府を責めたでしょう。欧米があのように悲惨な状況を招いたから、習近平は救われたのです。けれども、香港の人たちはわかっている。両方をみているから騙されない。

もう一つ、中国の宣伝材料になったのは、イタリアやアメリカが大変になったときに駐在の中国人が一斉に帰国したことでした。イタリアやアメリカにいたら怖いからと。それがさらなる宣伝材料になったわけです。

中国人は外国に憧れたけれど、それが一斉に中国に帰ったことで、「やはり中国は素晴らしい国だ」となるのです。

でも、帰国した連中はみな後悔していますよ。だって、帰国したらまず2週間は自分でお金払って隔離され、それでいざ帰国したら、今度は外国に戻れない。しかも今、中国では外国から帰ってきただけで、白眼視されるのです。ウイルスを持ち込んだのではないかと、疑われるわけです。

田村　中国に避難してきた人たちは、富裕層の人たちですか？

石平　当然です。多くの富裕層の子息らがアメリカやイギリスやイタリアなどに留学したりしていますからね。あるいは富裕層でなくとも、外国でビジネスを行っている人たちが一斉に帰国してきた。いっとき、ニューヨークから中国に帰るフライトチケットが日本円にして１００万単位の高値で売られていたのです。でも、帰国したらみんな「しまった」と思った（笑）。

田村　ところで、中国は個人への補償費が出るのですか？

石平　いや、今のところ中国は一切、そういうことはしていません。日本政府は個人に10万円払ったり、アメリカも現金支給しています。アメリカ在住の中国人もみな即時に口座に現金が振り込まれた。大国や先進国で唯一国民に現金を配らなかったのは中国のみです。

いちおう商品券は配ったけれど、国民は怒っています。たとえば１００円の商品券が届いても、これだけでは使えなくて、自分のお金３００円とセットにして使えという仕組みになっています。国民はみんなバカヤローって言っています（笑）。

そんなケチケチしたことをしているのに、一方で習近平はWHOに20億ドルも支援すると表明した。中国国民はさすがにそれに対して怒る人が多かった。自分たちは1元ももらえないからね。

企業に対する現金救済もない。せいぜい融資利息を一時的に延期するくらいの政策はとっているけれど、現金を配ることはない。逆に考えると、現金を配らないということは、中央財政が危機に瀕《ひん》していることを物語っているわけです。

田村　お金が本当に乏しいのだろうね。そうなると、もともと国進民退で、国は民間の中小企業には冷たいから、今後は中小企業が壊滅状態になる怖れがある。

毎年2500億ドルの非合法マネーが国外に流出

石平　逆に習近平政権にとっては別の方向性があります。そもそも習近平政権は国有企業の拡大を図っていることから、中小企業が潰れていくなか、特に製造業については国有企業が民間中小企業のシェアを吸収していくという考え方を持っています。

田村　産業再編成、合理化・効率化でしょうね。

石平　ただし彼らが忘れているのは、雇用の大半を民間の中小企業が支えていることです。

田村　最近の映像を見ると、広州あたりで、中小企業の工場経営者が自分の工場を売るために「工場を売ります！」というプラカードを掲げている姿がありましたね。広東省の深圳《しんせん》や東莞《とうかん》には農民工が戻ってきていない気がします。

石平　今、東莞のあたりは、大企業でも10月までは基本的にお休みで、10月以降に生産回復となっています。したがって、特に中小企業の多くが潰れるでしょうね。商店街に行ったら「店を譲渡する」という看板が出ています。失業の拡大が間違いなく、起きているのです。専門家は2億人が失業すると言っています。

田村　GDPが3割減、つまり7割くらいしか戻らないとしたら、暴動が当然発生してもおかしくないはずだけれど、まだそういうことは起きていないのかな。

石平　とにかく農民工たちは、まず農村に帰って、それでひとまず大人しくしている。でも、農村でなかなか仕事がないと、暴動の前に治安が悪くなって犯罪率が上がるでしょうね。それで徐々に不安が高まると、農村でも仕事がないと都会に戻って、そこでも仕事がないと暴動が起きる。そういう経緯を辿ると思います。

田村　やっぱり、暴動は都会を中心として行われる。アリババの創業者であるジャック・マーのように、中国人で脱中国をする共産党員とか民間企業とか、そういう動きはもう出ているのですか？

石平　中国人の脱中国は、今に始まったことではありません。その都度やっています。むしろ、もう今となっては遅すぎる。脱中国すら許されなくなってしまうと思います。
　最近の中国国内の動きとしては、パスポートを没収されたり、新しいパスポートについてはビジネス以外は発行しないと言われています。ようするに、パスポート管理が厳しくなる。今後中国はそういう政策をとって、国民がお金を持って外に出ないように強化する。
田村　年間5万ドルという中国人個人の海外への持ち出し額には、もう無理があるということですね。
石平　そう。ちょうど新型コロナウイルスが中国政府にとって政策転換の一つとして、ちょうどいい口実になった。
　ある日突然、政府は何もないのに国民からパスポートを取り上げることができる。本来はまずいけれど、今回に限って中央政府は「世界でコロナが蔓延しているから」といえる。
田村　ここ数年、最低見積もっても2500億ドル（約30兆円）近くのお金が非合法に外に出ています。それを抑えるのが習近平政権の宿願だったのだけれど、これを締めつけるいいチャンスになったということですね。
石平　だから今は、毛沢東時代にもあった完全な鎖国の方向へ徐々に向かう絶好のチャンスではありませんか。中国の中産階級と富裕層にとっておいしい時代がもう終わった。むしろこれからは彼たちが、いろいろな意味において、剝奪《はくだつ》されていく。

田村　取り上げられていくのですね。これまでお金を外に逃したのは、主に権力を持っている人だったし、おそらくは彼らはビットコインなどもうまく利用した。ビットコインをさんざん利用してから、全部禁止したわけです。

石平　ビットコインを利用しての財産の移転も、中央政府はこれから手を打ちます。自分たちが移転してから禁止する。いかにも中国らしいです。

中国とのデカップリングを阻む日本経団連

田村　昨年（2019年）までのように、日本もインバウンドはまったく期待できなくなりますね？

石平　いや、今回のコロナ禍が沈静化したあと、「日本に行きたい」という外国人が出てくるはずだから、集中的にもう一度インバウンドは雪崩れ込んでくるでしょう。しかし、以前みたいに、日常的に大量に観光客が中国からやってくる時代はすでに終わりましたね。

ようするに、日中の間の制限が解除された直後にブームになる。けれどもその後は、徐々に日常的に日本に押しかけてくるようなことはなくなっていく。

田村さんは日本の財界がなかなか中国離れをしないと言われていた。そのとき、中国とのデカップリングを進めようとしているアメリカに、日本はついていけるのか。アメリカの言うことに日本はきちんと対応できるのか。あらためてお聞きします。

田村　日本のみならず、アメリカの産業界もけっこう似たような事情があるのですよ。中国依存になってしまっている。自動車産業もしかりだけどね。ただアメリカの場合、政治が議会で反中姿勢というか、中国に対する警戒心が強くなっているでしょう。ようは、アメリは政治的な動きが先行してしまう。ですから、アメリカの財界も慎重にならざるを得ないでしょうね。

一方の日本の場合は、政治も経済界もみんな親中だから、ここが日本とアメリカとの大きな違いです。むしろ経団連などは会長が日立の会長の中西宏明さんでしょう。中西さんを筆頭にずっと中国のことばかり気遣ってきました。これが自民党の二階さんとか公明党などの親中グループとぴったりくっついて、安倍政権を動かしてきたわけです。この構図がいまだに崩れていません。

彼らはサプライチェーンについても、中国は依然として必要だと思っていますね。離れようがないと。たとえばベトナムに行った経団連の人たちから、中国の部品や材料に代わって日本への供給は技術的に難しいという声が上がっていますよ。

今のサプライチェーンについては、医薬品や合成化学などの健康に関わるものとか、日本人の生命の危機につながるようなものが先行して問題視されています。

石平　もう一つは、先端技術に関わるものです。

田村　ＩＴやハイテクは軍民両用安全保障に関わってくる分野が非常に広いのです。意外とね。今後はアメリカを中心として、そういうところの見直しが進んでいくのではないでしょうか。一見、軍事転用と関わりがないような技術にしたって、引っ掛けようと思えばいくらでも引っ掛かる。心配すればするほど引っ掛かってきますからね。自動車のエンジンだって軍用に変わるのだし、とりわけ電気自動車（ＥＶ）に欠かせない燃料電池の技術は米国も中国も最先端兵器用として、開発競争に血眼になっている。その燃料電池技術で日本のトヨタは先行しているが、６月に中国企業５社との合弁で北京に研究開発拠点をつくったばかりです。ＥＶ市場は中国が世界で抜きんでて拡大する見通しなので、トヨタも必死なのでしょうが、燃料電池となると軍民両用の先端技術なのでアメリカに睨《にら》まれるでしょうね。中国側としては、とにかく日本の大手を呼び込みたい。

香港国家安全法で試練を迎えたＧＡＦＡ

石平　中国側もそうとう警戒しているようです。ここのところ中国とのデカップリング、つまり「脱中国化」という言葉が中国メディアに頻繁に登場、いかにアメリカが諸同盟国を抱き込んで脱中国化を進め、中国を排除した新たな経済秩序の構築をたくらんでいるかを訴えているのです。そして、「それは中国にとって大変不利な状況である」と認めている。

その具体例として、今年3月に結ばれた通貨スワップ協定を挙げていました。これはアメリカ・オーストラリア・ブラジル・韓国など9カ国中央銀行が新たな通貨スワップ協定を結んだ際、中国と人民元の存在を無視した通貨の「脱中国化」に不快感を示したわけです。

こんな話も聞こえてきました。ＷＴＯに中国が加盟したときの交渉代表であった龍永図《りゅうえいと》が3月に北京で開催された経済フォーラムに登場し、次のように述べたのでした。

「海外では一部の人々が〝脱中国化〟を語り始めた。われわれは高度なる警戒心を持たなければいけない」

そこで田村さんにアメリカについてお聞きしたい。ＧＡＦＡといえども、脱中国の動きになっているのでしょうか？

田村　GAFAについては、たとえばグーグルのアプリをファーウェイに出すなと米政府が要請するなど、やはり政治先行で締めつけを行っています。ファーウェイには次世代通信技術5Gの覇権を絶対に許さない構えで、GAFAもファーウェイ技術との接合は避けるでしょう。アップルの場合は微妙ですね。スマホのiPhoneはかなりのシェアで、中国で組み立てており、部品も中国の鴻海の工場に集めて組み立てられています。たしかiPhoneの対米輸入に関しては、トランプ政権も制裁の対象から外したはずです。そうしてケースバイケースでやっていくのではないでしょうか。

アップルにしても、鴻海《ホンハイ》が築いた中国のサプライチェーンに代わるようなものをすぐにインドで見つけるのは至難の業だと思います。

SNSサービスを代表するフェイスブックや傘下のインスタグラム、ツイッター、グーグル傘下のユーチューブなどは、香港国家安全法施行で大変な試練を迎えています。中国当局はこれらのSNSの本土での使用を検閲で事実上禁じていますが、香港では使用が自由で、香港市民もこれらのアカウントを通じて抗議運動を展開することができたのです。しかし、安全法では国家分裂、政権転覆、テロリズム、外国勢力との共謀の4分野を犯罪行為と定めネットや外国メディアへの監視、規制を行います。監視と検閲のやり方は本土式で当局者はあらゆる理屈を並べて、法違反だと締めつけてくるでしょう。このユーザーのコンテンツを削除せよ、とか。これまでの反中国、民主化デモで流れた曲も排除せよというふうにね。拒めば、訴追されグーグルなどの米企業関係者は懲役刑をくらう恐れがあります。だからと言って、屈すれば米SNS各社は表現、言論の自由を奪うのかと米国の内外で批判されるでしょう。もちろんGAFAがへなへなと屈してしまわないように、日本もきちんと米欧と足並みをそろえて、SNSの自由を守る必要があります。

非常に重要なことは、香港における米SNS各社への規制は全体主義対自由主義の戦いという構図そのものです。その構図がSNSという現代の社会共通インフラで展開されるのだから、世界の誰にとってもわかりやすいし、身近です。ですから習近平は西側の自由主義陣営全体を敵に回すことになります。今後、軋轢《あつれき》が高まる香港のSNSサービスはグーグル、フェイスブックのビジネス問題にとどまらず、国際政治問題化し、習近平政権は全体主義者としてますます国際社会で孤立するでしょうね。

石平　ただし鴻海自体は、世界のさまざまな場所に拠点を持っていると聞いています。たとえば、メキシコやスペインに工場を持っていますよね。

田村　やっぱり一番大事な中枢部品の半導体をどこから調達するかが問題です。だから中国を本気で潰そうとしている傾向が、このコロナを契機に余計に強まったということですね。

石平　一番不思議なのは、そういう傾向が強まってきているのに、習近平自身がそれを加速させていることです（笑）。火をわざわざつけています。もう救いようがない。

田村　「それがばかりはどうぞご勘弁を。われわれはちゃんとやっていますから」と胡錦濤くらいまでだったら、揉《も》み手擦り手でどうぞご勘弁をとやってきたけれど、今は逆です。「何を言うか。われわれは対抗する」ですからね。

中国べったりだったドイツすら変わってきた

石平　それではヨーロッパはどうでしょうか？

田村　ヨーロッパでは当初はファーウェイの5Gを受け入れたりした国はたしかにありました。けれども、イギリスのジョンソン政権はファーウェイは入れないと言いだしたし、フランスのマクロンもそうです。自動車産業やドイツ銀行がどっぷり中国に浸かっているドイツがやや微妙だけれど、メルケル首相もコロナ禍と香港の抑圧を機に欧州連合（EU）内で高まる中国離れに歩調を合わせるしかない。少なくても政治的にはね。

石平　あとはイタリアがどう反省するかだね（笑）。イタリアはコロナで大変な目に遭ったから。

田村　イタリアのブランド品の最大のお客さんは中国人だからね。中国離れはドイツよりも難しい。

石平　イタリアは反省しなかったらもう終わりだ。

田村　繰り返しになるけれど、メルケルは一貫して中国にべったりだったように思いますが、最近は中国に距離を置くようになりましたね。ただ、ベンツやBMW、フォルクスワーゲンなどの自動車産業やシーメンスなどのチャイナマーケットへの依存度がものすごく高い。けれども、欧州への習近平の欺瞞《ぎまん》的なコロナ支援外交攻勢や香港国家安全法への反発でヨーロッパが固まると、人権重視のドイツの世論に押されるでしょう。

石平　確実に言えるのは、新型コロナウイルスの一件は世界史的に大事件だということです。

田村　ビジネス上の利害の部分よりも、ヨーロッパ各国は香港の人権問題や民主化運動の抑圧について、かなり敏感に反応します。ヨーロッパは市民運動が本来強いし、そうした価値観があるからこそ「共通の家」が成立するところだから、見逃せないのでしょう。

　習近平政権の愚かなところは、先に石平さんが言ったとおり、そういうところをわざわざ刺激していることだね。

いずれ香港のすべては中国のものになると決められているのに、習近平としてはイライラするのでしょう。自分の目と鼻の先で、何よりも嫌う表現の自由と民主化要求のデモが横行し、五星紅旗の国旗まで燃やされるから、「何をやっているのだ」となってしまう。

石平　だから、そんなに慌てなくてもよかった。敵の数は少なかったし。ようするに欧米もコロナで大変ですから、香港をかまう余裕などなかった。

米中双方に重大な打撃をもたらす香港の機能消失

田村　2年前に中国人富裕層の不正蓄財にメスが入りました。海外に移した資金で高級物件を購入していた人気女優の范冰冰《ほんひょうひょう》、インターポール総裁だった孟宏偉《もうこうい》らが摘発されましたが、彼らの不正蓄財の舞台はすべて香港でした。人民元の外貨取引の大半は上海ではなく自由な香港で行われるからで、習近平政権が手を焼く資本逃避の舞台も香港です。

毛沢東や周恩来以来、中国の指導者は香港を「長期打算、十分利用」（長い目で考え、利用し尽くす）と考え、経済発展のために利用してきたのだが、今やある意味で、香港は邪魔な存在になっている。

なぜなら、緩衝地帯である香港を舞台にいくらでも中国共産党指導部を貶《おとし》める発言ができ、大陸の金はここを目指して逃げていくからです。ならばいっそのこと締め付けてしまいたい。鄧小平とサッチャーが決めた一国二制度などクソ食らえで、「中国領なのだから、北京の言うことに従え」と、習近平は権力者としてそういう方向に走ってきているのです。鄧小平の遺言は「香港は一国二制度のままにして、自由な国際金融センターに世界のカネを引きつけ、利用しろ」とリレーされてきたのですがね。

石平　かつての権力者は、ある意味うまく香港を使っていた。しかし、習近平はそこを締め付けようとしている。

田村　見切ってしまったのでしょう。もう我慢できないと。だってそのままいけば香港の民主化の動きは、当然ながら本土に波及するだろうから。一国二制度の国際約束を反古にしてしまったら西側世界から激しい反発を受け、アメリカが香港ドルとのペッグをやめてしまうという覚悟を、中国側もしないといけない。

私は、習近平自身にそうした自覚がないにしても、周辺の人はさすがに専門家がそろっているわけだから、「習主席、そこまでやると危ないですよ。アメリカにはこういう奥の手がありますよ」くらいのことは諫言《かんげん》するはずだけれどね。でも、習近平にしてみれば、「やれるものならやってみろ」なのでは？

石平　問題は、田村さんが言われた「習主席は間違っています」と言える場面がないことです。

田村　王岐山くらいならそうした危機感を抱いているだろうに、王岐山ももう口出しできないのかもしれない。アメリカはじめ西側にとっても、香港の国際金融センターとしての地位を殺すような話になるから、重大な打撃になるわけですよ。

おそらく、ワシントンサイドは迷わざるを得ないところがあるから、北京にしてみれば「そこまでやれるのか。アメリカも傷つくよ」ということですよね。香港が国際金融センターで、それを利用して儲けているのは、おまえら西側のほうだろうと。

自由の空気に包まれた国際金融センターだから、みんな安心して、香港を拠点に中国に投資してきた。アメリカや欧州からきた為替ディーラーや投資家たちはみんな、市場取引が終わる午後五時頃からリラックスして、香港島セントラルの蘭桂坊（ランカイフォン）地区の酒場に集まって楽しんでいたわけですよ。

これが対中投資のパターンでした。香港があるからこそ対中投資が安心してできた。それに香港はリーガルシステムがイギリス式です。そうしたきちんとした香港が備える基盤をもとに、対中投資についてもイギリス式の契約を締結してきたから、投資家たちは安心できたわけです。

けれども、仮に香港ドルとアメリカドルの交換ができなくなれば、香港の国際金融センターとしての機能を殺すことになるから、これは同時に西側ビジネス界にとって大変な打撃になるのは確実です。致命的と言ってもいいかもしれません。それを北京側も読んでいるわけです。だから「やれるものならやってみろ」となっているところはあるでしょう。

習近平の頭ではマックス・ウェーバーは読めない

石平　もう一つは、中国共産党政権の資本主義に対する理解はマルクス的なもので、資本主義は利益以外は考えていないとかたくなに思っている。したがって、資本主義国の政治家も資本の論理で動き、すべて利害関係、経済利益ばかりを優先する人たちだと信じ込んでいます。

それはある意味では当たっている。特に日本の財界はそうですから。

でも彼らが永遠に理解できないのは、アメリカという国、あるいは西側の国々は、資本の論理を無視して、むしろ倫理で動く場面もあるということです。

ようするに、アメリカのバックボーンには宗教的な考えが根付いていることを、彼らは絶対に理解できない。アメリカ人が場合によっては資本の論理ではなく、正義や宗教的な観念で動くということを理解できない。だから、アメリカがそう動くとは思わずに、高を括っている。資本の論理からすれば、アメリカは俺たちと商売する以外はない、と思い込んでいる。

田村　「あいつらを儲からせてやっているんだ。俺たちは」てなものでしょう。繰り返しになりますが、習政権としては言論など情報の自由を制限しても、金儲けのためなら投資家は集まると踏んでいるのでしょうね。何しろ、中国本土自体は表現の自由がなくても、市場シェアを狙って強欲な外資が殺到するからね。日米欧の7カ国（G7）外相会議がいくら「自治、人権、民主主義を守れ」と言っても、北京はせせら笑ったに違いありません。この習政権のあざけりを砕くのは、やはり基軸通貨国アメリカがドルを武器に本気で対抗するしかありません。

石平　その判断は90％のケースは正しい。でも、10％のケースは間違いで失敗する。とりわけ一番大きなところで失敗する。

田村　石平さんからそれを聞かされると、中国人にはマックス・ウェーバーの言う近代資本主義の倫理は理解できないと思いますね。

石平　そうそう。彼たちが理解しているのはマルクスのみですよ。マルクスが描いている資本主義は、宗教ともプロテスタントとも何も関係ありません。

田村　ただ強欲な資本の運動の法則で物事を考えています。

石平　ようするに、彼らはいまだに19世紀のマルクスのまなざしで、現在の資本主義を見ている馬鹿でしかない。だから中国人がわざわざドイツのマルクスの故郷へ行って、マルクスの像を建てるわけです。地元はみんな迷惑ですよ（笑）。

田村　かなわないこととはいえ、習近平にマックス・ウェーバーも読んでほしかったな。

石平　習近平の頭ではマックス・ウェーバーは読めないよ（笑）。

終章

脱中国で繁栄する日本と世界

何のためのデジタル人民元なのか？

田村　このところたびたび、デジタル人民元について読者から質問をいただきます。共産党政府がデジタル人民元で、国民一人ひとりの金の動きを管理することはわかるけれど、共産党は他にも狙いはあるのかというものです。

　本来はっきりしているのは、デジタル人民元にすると、それを支払いに使ったり、それを手段にして投資をしたり、人を騙したり、さまざまなことをする情報が一目瞭然《いちもくりょうぜん》にわかるわけです。だから、中央集権で情報を全部集中させるという共産党のシステムに一番合っているのがデジタル人民元といえます。

よく日本の評論、あるいはアメリカのジャーナリズムのなかでは、「中国は人民元をデジタル化して、これをグローバル通貨にする策略だ」というふうに見て、それを警戒する人がけっこう多い。

けれども、私に言わせれば、世界の基軸通貨はやはりドルしかないのだから、人民元をデジタル化したところでドルと結びつけないと、それは世界通貨になりようがないと思うわけですよ。

だから、中国、習近平政権がドルのリンクを切り離して、人民元単独で国際通貨にする、その手段としてデジタル化するというのは、私としては理論としては成り立たないと見ています。

石平　いや、そういう議論自体がもう本末転倒ですよ。ようするに、人民元はデジタル化にしようと何だろうと、あれは形の問題で、貨幣の価値とは別問題ですね。別にデジタル貨幣にしたら、それで通用するといったわけではありません。

ドルは別にデジタル化しなくても、ドルはドル。先刻、田村さんがおっしゃったように、もし国内でこれに統一されたら、誰も隠し財産ができなくなってしまう（笑）。

田村　そういうことです。

石平　ようするに、共産党は民間にされている地下の財産をすべて暴き出したいのですよ。
田村　金も情報ももらえますから。これほど効率の良いものはないのです。
石平　リブラみたいに仮によその国でも決済通貨として使えれば別だけど、それはないわけですね。
田村　それはない。システム全体が中国の党中央の監視の下にこれが置かれるのですから。ところで、昔から言われてきた中国の地下銀行は、まだ機能しているのですか？
石平　まだ機能しているよ。中小企業、零細企業は正規の銀行ではなかなかお金を貸してくれない。そういう資金調達は結局、地下金融を使うしかないわけです。借りるだけではなくて、送金もやっています。
たとえば日本国内で日本円を持っている人が、日本円が欲しい中国人に渡して、その決済は中国本土で行う形で、実際には物理的なお金が移動しないというやり方が昔からあるのですね。
田村　ところで、石平さんにお聞きしたいことがあります。それは中国共産党のレジティマシー、自分たちが正しい政権であること、中国を統治する資格を持つ正当性についてです。毛沢東は長らく続いた植民地支配から脱して中国を統一したことで、正当性を担保した。

石平　それと、人民による人民のために共産党はあるのだという虚偽のイデオロギーで、国民を騙してきました。ところが、天安門事件でそれが通用しなくなってしまった。それはそうでしょう。人民のための政権が、丸腰の学生や市民に対して血の鎮圧を断行したのですから。

それで鄧小平は、中国を豊かな国にする、中国を経済繁栄させるとぶち上げて、改革開放路線で経済成長を必死に進め、国民の求心力を取り戻そうとしました。鄧小平の読みはまんまと当たって、知識人たちを金儲けに走らせ、政治問題への関心を遠ざけたのです。

田村　それで今、習近平が建設した超監視社会にはどういったレジティマシーが担保されているのでしょうか？

石平　まあ、人民を守るというものです。ただし人民を守るならば、誰から守るかという話になります。そうなると敵が必要だ。悪い奴がいないとね。敵をつくって戦うという意味では「反米」が一種の政治路線にもなります。

とにかく天安門事件のあとから、中国は反米はしなかった。米ドルが大事だから（笑）。だから反日をやった。それと同じことです。

田村　だから、反米ナショナリズム自体はそんなに盛り上がっていないように見える。

共産党政権と一般国民とは切り離しているアメリカ政府

石平　あまり盛り上がっていない。というのは、いちおう日本のことになると、戦争の話がありますよね。日本軍とは中国で戦った。ようするに、日本は侵略してきた、ということになります。しかし、アメリカは中国にやって来て戦争をした歴史はありません。せいぜい朝鮮戦争ですが、あれは中国でやったわけではない。

アメリカは中国を侵略したわけではないから、やりにくい面があるのです。ようするに、民族的恨みという視点からはね。

アメリカといえば、今度のコロナ禍で中国に巨額賠償を求める動きに持っていくのは確実ですね。実際に中国から取れるかどうかは別として。

田村　アメリカはやっぱり集団訴訟をやるからね。

石平　おそらくやるのではないかと思います。

田村　国対国レベルではなく、それは各州のレベルで行われるはずです。アメリカの地方はそれで独立してやりますからね。それで中国が有罪になると、当然ながら請求しますよね。

石平　応じなかったらどうする？　アメリカの国内の中国の財産を没収するのですか？

田村　応じないならば、今度は制裁か、という話になります。

石平　ああ、なるほど。制裁で行くとはどういう形ですか？

田村　最終的に制裁するなら、連邦政府の行政による、あるいは議会が決議をして、法案を通して、それでやるしかないでしょうね。それに大統領が署名したらそうなります。

　制裁の方法としては関税かあるいは、石平さんが言われたアメリカ国内の中国の資産凍結でしょう。中国はアメリカ国債をいっぱい持っていて、ニューヨーク連邦銀行にそのまま預けているから、それをそのまま差し押さえればいい。

石平　でも、そのぐらいでは足らないのでは。

田村　中国のアメリカ国債の保有額について、ニューヨーク連銀で統計上出てきているのは1兆3000億ドルぐらいあるでしょう。だから、日本円で換算すると150兆円ぐらい。けっこうな額ですよ。

　そこまでやるときには、戦争ですね。これは完全な資産凍結ですから。だから、そこまでまさかやるかい？　と中国側は思うでしょう。ただアメリカは司法が独立しているから、中国とはわけが違う。中国は共産党の支配下にあるから、政治の言ったとおりに裁判が動きますが、アメリカは絶対にそうではないから。

だから、これは大変な爆弾かもしれません。コロナ訴訟はね。

石平　習近平は今、香港で爆弾をつくっている最中。彼も爆弾が好きだな（笑）。けれども、アメリカが訴訟を起こすとなると、被害を受けた各国も続きます。洩《も》れ伝わってきた話によると、こちらのほうも総額100兆ドルくらいだそうです。

田村　石平さんが言っていたように、アメリカ側も習近平政権というか、共産党政権と国民一般とは切り離してやっているわけですね。そこがワシントンはじめ、よく理解していますす。一般の中国国民を敵に回すつもりはまったくありません。

アメリカとの戦いに習近平政権は国民の共感を得られるのか？

石平　先刻の話にもつながるけれど、共産党がどうやって国内統制をするかとなると、逆に中国国民と共産党の一体感を強調して、「アメリカはこれから中国共産党に敵対し、われわれ中華民族の台頭を押さえつけにかかってくる」、だからアメリカが敵なのだと謳《うた》い上げるつもりかもしれない。

歴史的な材料はあまりないけれど、ここで習近平は例の重要講話をもってくるのだろう。「中華民族の偉大なる復興こそが、近代以降の中華民族のもっとも偉大な夢だ。この夢には、過去何代もの中国人の想いが込められている。私は自信を持って述べるが、中国共産党100周年のとき（2021年）までに、全面的な『小康社会』（ほどほどに豊かな社会）を実現する。そして新中国建国100周年のとき（2049年）までに、富強・民主・文明・和諧（調和のとれた）の社会主義現代化の国家を、必ずつくってみせる！」

今後、アメリカがわれわれ中華民族の復興の夢を潰しに来る。だから、われわれはアメリカと戦わねばならない。アメリカは中国共産党打倒ではなく、「われわれ中華民族と敵対する」という論理にもっていくと思います。

田村 それでどれだけの中国の大衆の共感を得られるかですね。

石平 まあ、貧しい層が……。

田村 というか、ナショナリズムに走る。

石平 そうそう。ある程度は。知識人はもうみんな心のなかで笑うだけです。

田村 だってアメリカ留学経験者が多いもの。知識人層にはね。5月にポッティンジャー大統領副補佐官がホワイトハウスから流暢《りゅうちょう》な中国語で呼びかけたのも、国民と共産党を分断させるためのものだったのでしょう。中国ではどれぐらい効きますかね、中国の民衆に対して。

石平 知識人にはけっこう効くと思いますよ。知識人はそもそも中国共産党が敵だと思っていますから。けれども一般民衆まではどこまで届くのか。なぜなら多くの民衆は民主主義にはそんなに関心がありません。逆に中国共産党は先刻話したように、ナショナリズム、民族の論理でそれを跳ね返すわけです。まあ、どのみち米中対立が深まるということです。

田村　反日だとけっこう盛り上がったことが何度かありましたね。反米でどこまでいくのかは、これはまたちょっと別次元だ。いくら習近平、共産党中央が旗を振ってもね。

石平　でも最後は、外交での反米と国内対策としての反米と別々にやるはずです。

田村　別々ですよね。

石平　江沢民政権時代にも、日本とは外交的には付き合った。しかし、国内的には反日でした。

田村　「政冷経熱」とか言っていましたね（笑）。

石平　別に反日だから、日本と国交断絶するとかはしない。別々にしているのです。中国は日本を舐《な》めているよ。日本からはＯＤＡ援助をきちんともらいながら、反日をこれだけ煽りましたから（笑）。

田村　親中で中国に進出している企業の経営者がいっぱいいます。経営者の何人かに聞いたら、けっこう東京サイド、あるいは日本サイドは対中投資についてはもう2～3年前から相当警戒しています。ところが、現地に派遣された幹部たちは「なんでもっと投資しないのか」と不満を持っているそうです。ここにものすごいギャップがあると言っていたね。

石平　東京サイドは全体が見えるのに対して、中国の現場にいると全体が見えない。自分たちの周りしか見えないのです。

田村　中国側が撤退させてくれないこともあります。そう簡単な話ではないのですよ、中国からの撤退は。お金から設備から全部置いていかねばならない。身ぐるみ剝がされるようなものです。

契約段階から、すでにそういうことになっているのでしょう。ようするに、日本企業は地方政府から税金をおまけしてもらったり、土地を安く手に入れたりと、いろいろな優遇策を受けてきた。それを全部一挙に取り返されてしまう。

優遇してやったぶんを返せ、あなた方の設備一式置いていくくらいでは足りないというわけですが、それはそれなりの理屈があるのですよ。

「国際協調」を妄信する日本メディア

田村　WHOとの関係をめぐって、トランプ大統領は5月18日に「30日以内に大幅な改善に取り組まなければ、加盟も見直す」とWHOに要求しました。けれども期限を前に29日、

「WHOは中国が完全に支配している。改革を求めたが、彼らは動くことを拒んだ」と主張し、脱退を表明しました。

石平　アメリカが求めている改革は「テドロス事務局長の交代」だったから、絶対にWHO側が応じるわけがない。だから、期限を待たずにアメリカは脱退を通告した。それだけの話です。

　これでWHOはますます中国寄りになって、中国を頼りにするようになる。そうなるとWHOはますます国際機関としての信用を失う。いずれ、主要国すべてが脱退し、別の、中国を抜きにした世界保健機関をつくればいいのです。

田村　国連にも同じようなことが言えます。

石平　そうそう。もう意味がないよ、国連は。たとえば新型コロナウイルスによって世界がこれほど苦しんでいるのに、国連は何一つやっていない。存在感がありません。まさしく無用の長物です。

田村　WHOから脱退するというアメリカを批判するメディアは日本だけでした。日本のメディアはひどいよね。NHKを筆頭に「こういうときこそ国際協調しなければならない」の一点張りだった。メディアに限らず、外務省も国際機関至上主義というか、国際機関コンプレックスがありますね。米英がつくったブレトンウッズ体制の国際通貨基金（IMF）・

世界銀行、連合国の国連への加盟に戦後日本は必死でした。1975年の先進国のG7サミット初会合にアジアで唯一参加できて以来、外務省やメディアではG7国際協調は日本の国是みたいに受け止められている。だからサミットと言えばG7のことで、その会議で日本は消費税増税という自国の経済を駄目にする財政政策まで国際公約するほどです。日本の財務省は国際公約だから増税を実行するのは当然だ、と政治家や世論を誘導するのです。そんなことが通用するのは、世界広しと言えども、日本だけです。アメリカなら、トランプ大統領はそんなことを言い出す財務長官はクビだ、と怒鳴りつけるでしょうし、議会は全会一致で政府を非難するでしょう。

石平　日本は情けない。国連から今でも敵国扱いされて、常任理事国にも入れないのにお金だけ払って、馬鹿馬鹿しい。日本がもし国連で断固たる地位にあるならば、まだわかるけれど、国連からチンピラ扱いされているのですよ。なのに国連中心とか国連擁護とか報じる日本のメディアは狂っています。

田村　国際連合とは、要するに第2次世界大戦連合国の「反日反独同盟」ですからね。だからいまだに敵国扱いのままになっているわけです。

石平　敵国扱い組織にお金を払って、チンピラ扱いされて、擁護をする、そんな馬鹿な国がどこにあるかと思いますよ。

田村　まあ、欧米のメディアの記者などと話してみて感じるのは、日本ほど国際協調とか国際機関重視を重んじるというか、妄信する国は他にないということです。

石平　迷信ですよ。国際機関は立派なものだという迷信を信じている。

田村　どの日本の新聞もＧ７協調だとか国際協調、ＷＨＯ万歳、みんなこんな論調ですよね。それでは日本はそうした国際機関で主役になってリーダーシップを発揮できているか、というとまったくそうではありません。お金だけ出しているのです。

石平　そうそう。まあさすがに今回のＷＨＯの一件で、日本国民も胡散臭《うさんくさ》さがわかったので、それだけは良かった。

習近平のおかげで日本は覚醒できる

田村　ただ安倍政権にしたって、日本の外務省、厚生労働省、財務省だって、国際機関は自分たちが職を得て利用する場だとしか考えてない節があるよね。

　前述したように日本の財務省の場合、たとえば国際通貨基金（ＩＭＦ）に「財政の健全化」の「ご託宣」として〝言わせる〟わけです。

石平　国際公約だと。となると、財務省とＩＭＦが芝居をしているということになります。

田村　うん、そういう芝居をしているわけです。ＩＭＦの場合はある種、無国籍官僚の集団と言ってもいい。ただし、経済の分析とか経済の見通しとか、そういうのを作成している優秀なエコノミストが集まっているところでもあります。

この人たちは自分のエコノミストとしての高度な見識を問われるため、日本の経済問題を抜きにしたら、けっこうきちんとしたことを言及しています。

ところが、ＩＭＦが発表する日本に関するレポート、年次報告書にかぎっては政治マターなのですね。説明しましょう。

つまり日本の財務省の代表がＩＭＦに常駐していて、この人たちが日本について「こう書け、こう書け」とか「消費税の増税を指摘しろ」とかさんざん仕向けるわけです。しかも日本の財務省はＩＭＦにとっては重大なスポンサーですから、スポンサーのご意向に逆らうようなレポートは書けません。だからＩＭＦとはそういうダブルスタンダードによっているのです。

石平　ラガルドがＩＭＦの専務理事のときに、すぐ下に中国人の理事の張涛《ちょうとう》がいましたよね。そのときにＳＤＲの構成通貨に中国の人民元が採用されました。

田村　ああ、そうでしたね。ラガルドは中国にかなり取り込まれていて、一時期、ＩＭＦの本部を北京に移しても良いと言ったこともありましたよ。

石平　エエーッ！　本当ですか。彼女は今、ＥＣＢ（欧州中銀）の総裁になっていますけれど、大丈夫ですか？

田村　まあ、ヨーロッパ人にしてみれば、中国はビジネスをする相手ではあるけれど、遠く離れているので、安全保障上の脅威だとはなかなか認めないのでしょうね。

先にもふれたけれど、中国経済はこのまま縮小して、経済成長がゼロ成長になるのか、あるいはほんの1～2％しか成長しない状況になってきますから、世界経済がいずれにしても新たなる試練の時期を迎えることになるのは確実といえます。

中国がどんどん経済成長するからこそ、日本を筆頭に関係国はウェルカムウェルカムでした。コロナのときに武漢が閉鎖されたにもかかわらず、日本はシャットダウンせずに安倍首相が、春節で「中国の皆さん、どうか日本で観光をお楽しみください」とメッセージを流したぐらいですよね。

そうした姿はこれから当然なくなるはずです。けれども、日本にとってみれば、さてこれから中国なしでどうやって進むのかという踊り場に立たされているわけです。

ある意味、アベノミクスにしてもインバウンド消費とか、中国に投資をして企業が収益を確保する、というビジネスモデルでやって来られた部分があります。これが相当減っていく、あるいはなくなってしまうのだから、やはり日本にしてみれば、きわめて重大な場面を迎えるわけです。

石平　でも、いずれやってくるものはやってきます。そしていずれか、この問題には直面します。早かれ遅かれ、結局、乗り越えるしかない。楽観的に考えれば、最初から中国の要素はなかったのだと思えばいいのです。

田村　そして香港問題、台湾問題は、やはり日本の問題なのですね。

石平　そうです。

田村　西洋社会においては、人権や民主主義に対する価値の思い切りかたが際立って強いですね。だから、強欲資本主義が日頃は横行していて、北京にすり寄る欺瞞ぶりが目立っていても、天安門事件のような民主化運動弾圧、ウイグルやチベットの人権抑圧、さらに香港からの自由剝奪となると、最終的にはビジネス上や金儲けの利害をすっ飛ばして、自分たちの価値観を重視するところが出てくるのです。日本の場合は、ビジネス利害が政治と一体化しているところがあるのと、中国に対する戦後特有の贖罪《しょくざい》意識から、彼らのような思い切りができない。自由と民主主義を守るという価値観を口にはしても、何となく歯が浮いてしまう感があります。国会でも野党を含め中国全体主義批判を避け、香港国家安全法に対しても沈黙する。安倍政権は苦し紛れに「米中の橋渡しをする」ともっともらしい言い方をして、やりすごすそうとするが、コロナ後，香港国家安全法制定後の米中の対立はポンペオ国務長官が「米国対中国でなく、自由主義対権威主義」というように、根本的なイデオロギー対決であり、単なる喧嘩の仲裁のレベルではありません。でも、中国発新型コロナ・パンデミックによってますます対外膨張主義攻勢を強める習近平政権がそんな日本の生ぬるい平和主義を吹き飛ばします。沖縄県尖閣諸島への中国の軍事侵攻や台湾危機がいつ起きるかもわからないという緊張は今後さらに高まりますから、政府は次第に習近平中国に対して毅然《きぜん》とした対応をとる方向に進まざるを得ないと思います。そのとき、頼みとするのはもちろんアメリカですが、アメリカは日本としての覚悟を問うでしょう。習近平のおかげで日本は覚醒《かくせい》するしかないのです。

日本は世界結束の先頭に立て

田村　最後に付け加えたいことは、ポストコロナの世界の安定と繁栄を考えると、アメリカを中心に日米欧が結束して、中国の脅威を封じ込める重要性がかつてなく高まっていることです。香港問題はそのきっかけになるし、日本は先頭に立ってそうすべきです。理由は以下のように説明できます。

まず、習近平政権はポストコロナの世界でさらなる膨張を遂げようとして、香港の政治や言論の自由を奪って、香港をして紙切れの人民元を米ドルに変換する「錬金術」センターとしてしゃぶり尽くす考えです。具体的には後述しますが、それを許すようだと、中国の脅威はますます増長し、日本はもとよりアジア、さらに世界全体を不安にさせます。

これに対し、トランプ米大統領は7月14日、「香港自治法」を発効させ、対中金融制裁を発動できるようにしました。この意義は大変大きく、単に香港の高度な自治を守るためというばかりでなく、膨張中国を封じ込める効果が期待できます。

香港自治法は、習政権が施行を強行した「香港国家安全維持法（国安法）」が香港の人々の自由と権利を奪うものとみなし、同法を振りかざして香港を抑圧する党幹部、組織に対して資産凍結やビザ（査証）発給停止などの制裁を科すばかりでなく、金融機関に対しては米金融機関からのドル取引を禁じるとしています。

基軸通貨米ドルは世界のあらゆる通貨、資源、資産、食料など値のつくものは何でも存分に買うことができるので、そう呼ばれます。中国の共産党政権は建国当時、英領香港を奪還せずに「長期打算、十分利用」することにしました。1997年7月の「香港回収」後もその路線は変えなかった。国際金融センター香港に人民元を持ち込めば、米ドルにペッグされた香港ドルを介して米ドルと自由に換えられる。中国人民銀行は流入する米ドルを原則としてすべて買い上げ、ドル準備の増量に応じて人民元を増発して金融を拡大し、経済の高度成長を実現しました。

上海金融市場が発展してきた今でも、人民元の国際取引の7割以上は香港市場に集中しています。中国本土への外国企業直接投資の6割以上は香港経由ですね。中国の銀行は海外事業の大半を、香港から主に米ドル建てで行っています。

半面で、ドル依存は米国に対する中国の最大の弱点でもあり、米国がそこを衝こうとする。2019年秋、米議会とトランプ政権は香港人権民主法と合わせて、「1992年香港政策法」を修正しました。この修正条項では「通貨交換を含む米国と香港間の公的取り決め」を破棄できる。究極的には香港ドルと米ドルの交換を禁じる、というわけですが、実行すれば金融ショックが世界全体に拡がりかねません。両刃の剣ですね。

香港自治法はその点、ピンポイントで攻撃して返り血を最小限にとどめる策となります。身内を米国など海外に住まわせ、巨額の資産をそこに移している党幹部はドル資産凍結に脅えるし、香港抑圧につながる融資をした金融機関はドルを調達できなくなることを恐れるでしょう。

習政権はこの際、なりふり構わず錬金術センター香港をしゃぶり尽くす構えです。グラフは香港株式市場時価総額に占める中国企業のシェアと、上海と深圳市場経由での中国本土からの香港株式売買高の推移です。中国企業の香港上場は2019年後半から急増しています。米国政府と議会が米市場に上場している中国企業の不透明な財務内容を厳しくチェックし始めたのを嫌がり、上場基準の緩い香港市場への新規上場ラッシュが起きているからです。2020年6月末の中国企業の香港市場時価総額は78％と、香港市場は文字どおり中国化してしまったのです。

香港市場と上海、深圳市場は「ストックコネクト」と呼ばれる証券取引所間の相互取引制度があります。キモは本土の投資家が人民元で香港株を買えることです。党が支配する中国人民銀行と国有商業銀行が資金発行と融資を通じていくらでも供給できる人民元をそのまま香港の中国企業株に投資して、相場を押し上げると、巨額の売買益を米ドルで手に入れられます。国安法施行後の7月2日以降、ストックコネクト経由の香港株買いが急増、それにつられて香港株価が高騰し続けている。香港証券取引所の売買高に占めるストックコネクト分のシェアは6月の16％から一挙に7月は14日までの平均で23％へと跳ね上がりました。錬金術極まれりですね。

香港株の上昇は習政権の格好の宣伝材料でもあります。国安法によって情報の自由が奪われる香港市場に対する国際社会の不安に対し、「香港は安全になる。さらにこれからも有望な中国の成長企業が香港市場に続々と上場するので、もっと安心できる投資機会となる」といった具合だろう。実際に、日米欧の経済メディアはそう報じています。

グラフ8：香港株式市場に占める中国企業の時価総額シェアと上海・深圳市場経由の香港株売買高

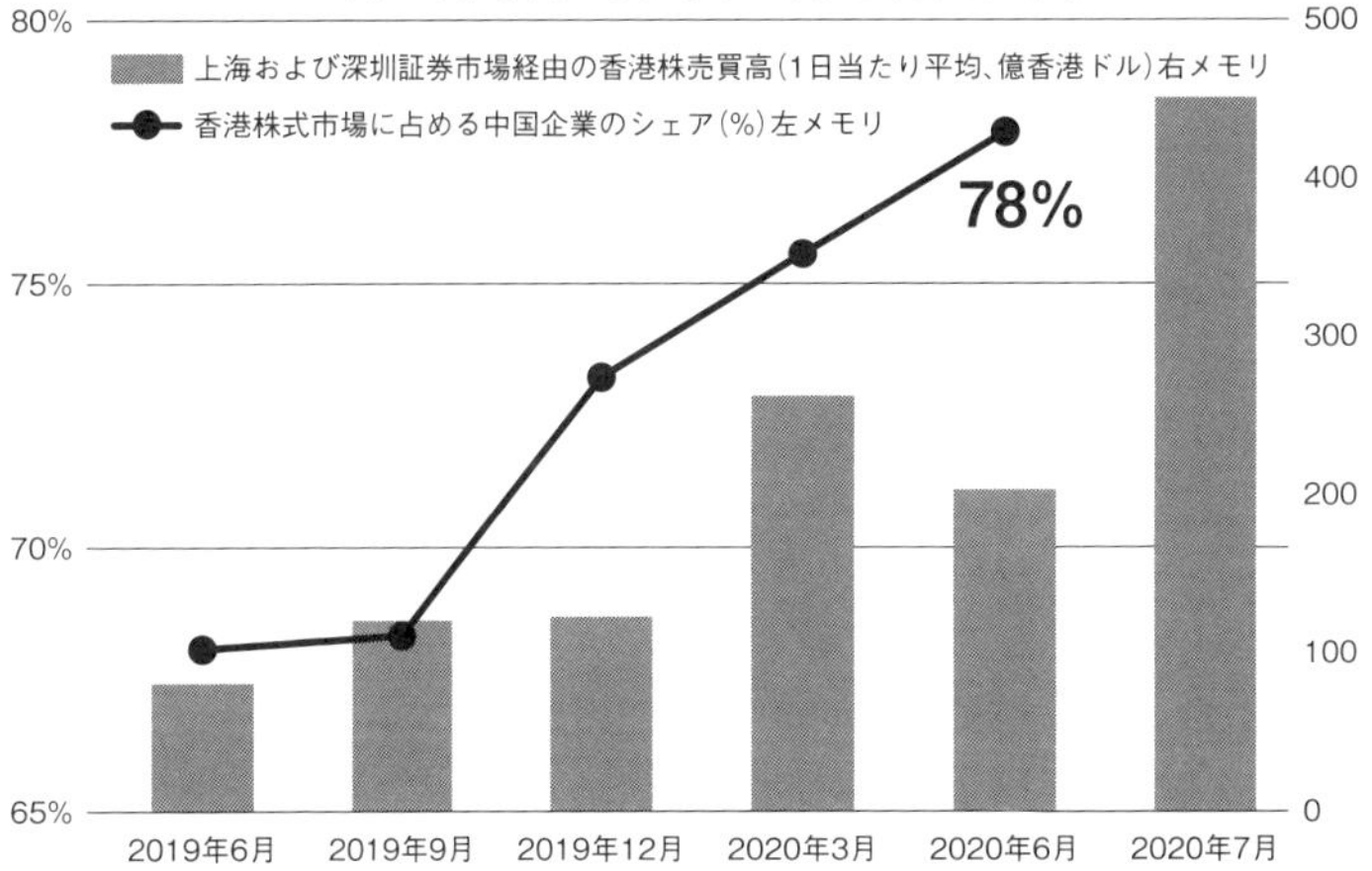

データ出所：香港証券取引所、CEIC

石平さんによれば、中国共産党の西側資本主義に対する見方は、カール・マルクスが描いた強欲主義であり、利益がすべてだということで、なるほど、習近平政権の思い上がりの背景がよくわかりました。だからいくら日米欧が批判しようとも、外国の投資家や企業、金融機関は香港市場で儲けられる限り、香港にとどまり、香港経由で対中投資を続けると、習政権はタカをくくるのです。

香港問題はわが国を含めた安全保障を左右します。ドルを手に入れれば、習政権は対外膨張路線も堅持できるからですね。その野望を挫くための鍵はワシントンにあります。今秋のアメリカ大統領選挙の結果によっては、政権交代になるかもしれませんが、アメリカ議会のほうは米中貿易戦争勃発時以来の超党派の対中強硬論がチャイナ・ウイルスのパンデミック、そして香港問題に直面するたびに高まる一方です。

他方で、日本も脱中国によって、内需主導型の経済成長軌道に復帰し、日本を再生すべきとの拙論が自民党内にも浸透し始めたと手応えを感じます。アメリカが基軸通貨ドルを武器に中国と対峙し、日本は脱中国に目覚めてアメリカと足並みをそろえていく条件が整ってきたのです。

もちろん、日本の脱中国市場依存は、内需主導型経済への転換とセットにしないと画餅《がべい》に終わります。日本の政局はポスト安倍が取りざたされますが、ようはこの肝心な基本路線をきちんと整備、強化できるかがポイントになります。内需を圧殺してきた消費税増税の撤回など政治の決断を促し続けたいところです。

アメリカ以上の日本の強みを知れ

田村　日本の強みは、何と言っても、世界最大の債権国、つまりカネ余り超大国だということに尽きます。少なく見積もっても１００兆円以上の国債を今、ただちに発行してもまったく問題はない。政府は経済対策に必要なカネを存分に国内で調達できます。本来なら、政府が国債発行で吸い上げて、脱デフレに向け中長期的な経済再生戦略に活用するべきだったのに、財務官僚が阻止してきた。コロナショックが緊縮財政路線を吹き飛ばした。

どのくらい円資金という資源を日本は保有しているのか。家計と企業合わせた現預金合計額は2019年1288兆円で政府負債よりも590兆円も多い。国内で使われないカネは「輸出」、すなわち対外債権となり、19年で372兆円に上ります。同年の国内総生産（GDP）に比べると、現預金合計2・32倍、政府純債務1・25倍、対外純債権は3分の2相当です。

日本がいかにすごいのか、米国と比べてみればよいのです。米国の家計・企業現預金合計額は16・6兆ドルでGDPの76%なのに対し、政府純債務が24兆ドル、同110%と現預金を大きく上回ります。この不足分のカネは対外負債に頼る。額にして20兆ドル、同92%です。アメリカの対外借金の多くを支えているのはむろん、日本のカネです。米政府は国債発行のために足りないカネを日本などからの借金で賄うのだから、国債市場は盤石とは言い難い。だから、パウエルFRB議長がカネを刷って「無制限の国債購入」を確実に実行して、国債相場を支えないと、とんでもないことになる。

トランプ政権と米議会はコロナ危機対策のために3兆ドルの財政出動を打ち出したが、日本と違って、国債やドル相場の行方にはびくびくしているのです。世界的なドル現金需要の高まりのせいでドル相場は堅調だが、FRBが国債買い入れのために、今回のようにひと月1兆ドルペースでドルを刷り続けると、いつ急激なドル安に転じるかどうかわかりません。ドルが世界の基軸通貨だと言っても、ドルを刷ってドル相場そのものを支えるわけにはいきません。円かユーロによって支えてもらうしかないのですが、ユーロの欧州にはそんなゆとりはありません。

他方、新型コロナの元凶、中国はどうか。習近平政権は「対コロナ戦争勝利」を喧伝《けんでん》し、国内の工場に対し、生産の正常化を催促し、景気の落ち込みを取り返そうと躍起となっています。そのくせ、財政や金融面でのコロナ危機対策は米国や日本に比べてしょぼい。4月8日付けの日本総研リポートによれば、「中国政府はリーマン・ショック時のような銀行融資や公共投資の急拡大に対して慎重姿勢」という。めぼしいのは社会保障費減免と減税、合わせて0・4兆元（日本円換算で約6兆円）で、2008年9月のリーマン・ショック後の4兆元（約60兆円）の財政出動の10分の1です。この状況は7月になっても変わっていません。中国人民銀行は外貨準備に応じて人民元を発行するのですが、15年からは外準比率が100%台を割り、最近は70%以下です。資本逃避が止まらないからです。虎の子の外準を外国からの借金で維持している。繰り返して言いますが、ドルの裏付けなしでお札を大量発行したら、カネの信用をなくし、悪性インフレになり、蔣介石の国民党政権の二の舞いで、共産党政権が崩壊すると、党の経済専門家たちは恐れているはずです。

欧州ではコロナ禍のピークは過ぎたようですが、今度はユーロ危機に脅える始末ですね。欧州の民間の現預金は全体のGDPを下回っています。

こうみると、カネたっぷりの日本は世界からうらやましがられる存在のはずです。安倍政権は日本経済再生に向け、100兆円、いや数百兆円規模の中長期的な財政出動を核としたプログラムを組めるのです。コロナ危機、さらに中国の脅威はそうした意識への切り替えのチャンスなのです。

総じて言えることは、今こそ、日本が西側自由主義世界の中心となって、ふんだんにあるカネ資源を生かし、内需を拡大し、脱中国の世界を引っ張っていくことができる。自信を持ってそうすべきなのです。

石平　有難うございます、大変勉強になりました。われわれの子供のために、そして生まれてくるであろうわれわれの孫のためにも、強い日本であってほしいと願っております。

おわりに　全体主義国家中国の「謎」解きは終わらない

中国分析の第一人者、石平さんとの対談はある種、謎解きゲームのようで小生にとっても刺激に満ちたわくわくするやりとりでした。「謎」とは中国の全体主義リーダー、習近平共産党総書記・国家主席がなぜ鄧小平の遺言である「韜光養晦《とうこうようかい》」（才能を隠して、内に力を蓄えるという意味）を廃棄して、覇権国アメリカに対して挑みかかるのか、それはどこまで、いつまでやるつもりなのか、ということです。

アメリカが世界の覇権を握っていられるわけは、突き詰めると巨大な軍事力と世界の基軸通貨ドルという2大要因に集約されます。でも、軍事力だけなら旧ソ連から引き継いだ核戦力を持つロシアも、それに中国だって米本土を射程に入れた核ミサイルでアメリカを脅かすことができます。アメリカはきわめて高度なハイテク武器も持つが、サイバーテロ攻撃を阻止することはできない。通常兵力も卓越していますが、アメリカ兵士の血の一滴、一滴を犠牲にしなければなりません。軍事力は覇権の維持に必要であっても、十分な条件とは言えないのです。

基軸通貨ドルのほうはまさに万能、唯一無二の武器です。原油、金、鉄鋼、小麦など国境を超えて取引される商品（コモディティ）はすべてドル建て、各国で取引される株式、国債など主要な金融商品もニューヨーク市場での相場が基準になっています。欧州共通通貨ユーロ、それに円も立派な国際通貨ですが、ドルと自由に交換できるからこそ、価値が認められるのです。

人民元は2016年9月末、国際通貨基金（IMF）の通貨バスケットであるSDR（特別引き出し権）の構成通貨に採用されました。SDR通貨は世界各国の中央銀行が準備資産として認めるという意味で「国際通貨」と位置づけられます。人民元のSDRでのランクはドル、ユーロに次ぐ第3位、円を4位に押し下げたのです。しかし、中央銀行の準備資産としてのシェアは2020年3月末時点で2％に過ぎず、ドルの62％、ユーロの20％はもとより円の5・7％にもはるかに及びません。習政権のごり押しの結果、人民元はいちおう国際通貨としてのお墨付きを得たものの、国際金融の世界ではきわめてとるに足りない存在なのです。

石平さんがしきりにうなずいていたように、中国の通貨制度は事実上ドル本位制です。中国が経済規模を拡大させたのも、2001年12月の世界貿易機関（WTO）加盟によって輸出を拡大できたことと、さらに2008年9月のリーマン・ショック後、アメリカの中央銀行がドルの発行量を4倍に増やし、そのドルで中国からの製品輸入を大幅に増やしたせいです。人民銀行は貿易黒字に加えて日米欧の企業の対中投資に伴うドルを買い上げることを通じて人民元発行を急激に増やしたのです。

人民元はドルの裏付けがあるので「紙切れ」にならずにすみ、大量発行しても中国国民の信用をつなぎとめられる。党の指令どおり中国の国有商業銀行はその人民元融資を膨張させ、政府は財政支出を大幅に上積みできたのです。言わば、ドルさまさま、アメリカの寛容な対中政策のおかげで2010年には日本を抜いて世界第2位の経済超大国へと浮上したのです。

ところが、習近平氏はそのアメリカの警戒心を刺激します。2014年11月にはユーラシア大陸を中心とするグローバルな中華経済圏構想「一帯一路」構想を打ち上げたばかりか、主に低開発段階、または独裁者が支配する国や地域で中国の経済権益を拡大していきます。港湾、高速道路、鉄道、通信網とインフラ建設を受注し、相手が返済できないとそのまま接収するという具合です。軍事面でも南シナ海の諸島を占拠し、軍事施設建設を強行、沖縄県尖閣諸島には自国領だとして武装漁船が領海侵犯を繰り返す。粗暴な帝国主義そのものです。

アメリカは2017年に発足したトランプ政権になってようやく目覚めて、中国の野望に立ち向かうようになり、対中貿易戦争によって対中貿易赤字を減らすと同時に半導体や通信技術の禁輸に踏み出しました。ドルもハイテクも中国には渡さないというわけです。

これでは、中国経済は持たないはずで、合理的に考えるなら中国はアメリカに屈服してもよさそうですが，習政権は対米貿易ではいちおう譲歩したものの、意図は時間稼ぎそのものです。対米貿易黒字削減は2年がかり。ハイテクでは国産化に拍車をかけます。今秋の米大統領選でトランプ大統領が負ければ、しめたものでしょう。

武漢発新型コロナのパンデミック（世界的大流行）のなか、人権問題も深刻化した米欧の大混乱に乗じたのでしょう。習政権は香港に国家安全法を強制施行し、政治活動、表現の自由を奪って、市民を公安当局による監視下に置く挙にまで出ました。

ここまで来ると、ワシントンは最大の武器であるドルを使う可能性が出てきます。中国のドル入手の主要ルートは香港市場で、媒介手段は香港ドルです。アメリカは香港ドルと米ドルの交換を禁じる選択肢を持っている。そうなると一挙に習政権の中国は自壊する恐れが生じます。天安門事件以来、党独裁体制を緻密《ちみつ》に洞察してきた石平さんは習氏や周辺の党内事情に通じています。習氏にはその認識が欠如している、と習政権の愚かさ、粗暴ぶりに石平さんはあきれています。なるほど、そうかもしれないとも思う。

だが、純粋な経済の流れだけから見ると、膨張主義を強行するしか習氏が生き延びる道はないようにも思えます。習氏が実権を握ったのは党総書記に就任した2012年の秋ですが、数年後には中国高度成長は限界に突き当たりました。中国全体の債務バブルが危険水準に近づいたのです。不動産や工場の過剰はすさまじい。中国はリーマン後の2013、14年のわずか2年間で49億トンのセメントを消費したが、アメリカの20世紀100年間の同42億トンを上回ったほどです。ドルに応じて発行された人民元資金の多くは、農村部、大都市部を問わず、誰も住まない高層住宅や、製品出荷のあてがない工場の壁や床、獣しか通らない地方の高速道路に化けたのです。

経済崩壊を避けるためには、一帯一路経済圏に中国資本と労働者を送り込み、中国権益を守るために軍事と外交を強化するしかない。すべて中国本土の市民やチベット、ウイグル自治区の住民に対するように威圧する。香港ももちろんそうです。

そしてドルではなく、人民元を強制的に現地で使わせるように仕向ける。そのためにも武力が欠かせないばかりではない。ファーウェイの情報通信ネットワークを、日本を含む世界各地に拡げ、中国本土にデータを送り、常時監視するようにする。日米アジアを含む世界の通信回線が集中する香港の掌握はその一環でもある。

習政権はかつて英国の作家、G・オーウェルの『1984年』で描いた世界を中国本土にとどまらず、グローバルに拡げるつもりなのか。

そもそも、ドルなしに中国は経済成長、軍拡、ハイテク国産化は可能なのか。肝心のアメリカは大統領選後、変節しないのか。まだまだ謎解きは終わりそうにありません。石平さんとともに、これからも作業を続けるしかありませんね。

田村秀男

●著者略歴

田村秀男（たむら・ひでお）

産経新聞社特別記者・編集委員兼論説委員。
1946年、高知県生まれ。1970年、早稲田大学第一政治経済学部卒業後、日本経済新聞社入社。ワシントン特派員、米アジア財団上級フェロー、香港支局長、日本経済研究センター欧米研究会座長（兼任）などを歴任。2006年12月、産経新聞に転じ、現在に至る。著書に『人民元・ドル・円』（岩波書店）、『経済で読む「日・米・中」関係』（扶桑社）、『検証 米中貿易戦争』（マガジンランド）、共著に『日経新聞と財務省はアホだらけ』『中国経済はどこまで死んだか』（産経新聞出版）、『中国発の金融恐慌に備えよ！』『世界はこう動く』（徳間書店）など多数。

石平（せき・へい）

評論家。
1962年、中国四川省成都市生まれ。1980年、北京大学哲学部に入学後、中国民主化運動に傾倒。84年、同大学を卒業後、四川大学講師を経て、88年に来日。95年、神戸大学大学院文化学研究科博士課程を修了し、民間研究機関に勤務。2002年より執筆活動に入り、07年に日本国籍を取得。14年『なぜ中国から離れると日本はうまくいくのか』（PHP新書）で第23回山本七平賞を受賞。主な著書に『アメリカは絶対許さない！「徹底抗戦」で中国を地獄に導く習近平の罪と罰』『私たちは中国が世界で一番幸せな国だと思っていた』（ビジネス社）、『私はなぜ「中国」を捨てたのか』（ワック）など多数。

習近平敗北前夜　脱中国で繁栄する世界経済

2020年 8 月15日　　第 1 刷発行

著　者　田村秀男　石平
発行者　唐津　隆
発行所　株式会社ビジネス社
〒162-0805　東京都新宿区矢来町114番地
神楽坂高橋ビル 5 階
電話 03(5227)1602　FAX 03(5227)1603
http://www.business-sha.co.jp

カバー印刷・本文印刷・製本/半七写真印刷工業株式会社
〈カバーデザイン〉大谷昌稔　〈本文DTP〉エムアンドケイ　茂呂田剛
〈編集担当〉佐藤春生　〈営業担当〉山口健志

ISBN978-4-8284-2205-3